ÉTICA, CIDADANIA E IMPRENSA

ÉTICA, CIDADANIA E IMPRENSA

Raquel Paiva - organizadora

Alberto Dines

José A. Argolo

Raquel Paiva

Geraldo Lúcio de Melo

José Rebelo

Fernando Andacht

Dênis de Moraes

Mohammed Elhajji

Wilson Gomes

Antônio Fausto Neto

Muniz Sodré

MAUAD

Direitos desta edição reservados à
MAUAD Editora Ltda.
Av Treze de Maio, 13, Grupo 507 a 509 — Centro
CEP 20031-000 — Rio de Janeiro — RJ
Tel.: (21) 2533.7422 — Fax: (21) 2220.4451
E-mail: mauad@mauad.com.br

Projeto Gráfico:
Núcleo de Arte/Mauad Editora

CATALOGAÇÃO NA FONTE
DEPARTAMENTO NACIONAL DO LIVRO

E83e

Ética, cidadania e imprensa / Raquel Paiva (organizadora). — Rio de Janeiro : Mauad, 2002.

200p. ; 14cm x 21cm

ISBN 85-7478-058-8

1.Ética. I. Paiva, Raquel.

CDD – 170

ÍNDICE

Apresentação - ÉTICA, CIDADANIA E IMPRENSA
- Raquel Paiva — **7**

ALBERTO DINES, ALÉM DO TEMPO JORNALÍSTICO
- José A. Argolo — **9**

A PUBLICIZAÇÃO DA ÉTICA NO ESPAÇO MIDIATIZADO
- Raquel Paiva — **29**

IMPRENSA E PODER, IMPRESSÕES ÉTICAS
- Geraldo Lúcio de Melo — **41**

TELEVISÃO PÚBLICA / TELEVISÃO DO PÚBLICO
- José Rebelo — **49**

BIG BROTHER TE ESTÁ MIRANDO:
la irresistible atracción de un *reality show* global
- Fernando Andacht — **63**

A ÉTICA POR INTERAÇÕES NO CIBERESPAÇO
- Dênis de Moraes — **101**

POR UM JORNALISMO AUTO-REFLEXIVO
- Mohammed Elhajji — **117**

INTERNET, CENSURA E LIBERDADE
- Wilson Gomes — **133**

QUANDO A ÉTICA TOMA FORMA
Estratégias discursivas do "Jornalismo de Combate"
- Antônio Fausto Neto — **165**

EXISTE CONSCIÊNCIA ÉTICA NA IMPRENSA?
- Muniz Sodré — **187**

SOBRE OS AUTORES — **197**

Apresentação

ÉTICA, CIDADANIA E IMPRENSA

Na história recente do país, talvez nunca se tenha falado tanto sobre ética quanto nos últimos tempos. Na verdade, sobre a sua falta. Afinal, o que vem a ser ética, o que constitui objeto do seu estudo? São inúmeras as tentativas correntes de responder a esta incógnita. Uma delas é que talvez o excesso de sua presença problemática signifique exatamente um esgotamento de sentido. Pode ser mesmo que na verdade estejamos falando de uma outra ordem, de uma outra exigência histórica, que não tenha nenhuma analogia com o que tradicionalmente a humanidade nomeou por ética.

Este livro surge nesse contexto de pesquisa e de muito discurso produzido. Não se tem a pretensão de esgotar aqui a temática. A idéia é reduzir mais o enfoque generalista, ampliando o foco sobre a ética na mídia. A atuação do jornalismo impresso nos dias atuais é o nosso maior interesse.

Mas decidimos não encerrar na questão ética a nossa discussão, porque sabemos ser esta uma inesgotável fonte de pesquisa e debate. Por esta razão, introduzimos o conceito de cidadania, razão de existir do jornalismo histórico e objeto a ser cada vez mais conjugado no jornalismo contemporâneo.

Organizar este livro foi, para mim, muito compensador. Primeiro porque pude conviver mais uma vez com pesquisadores e profissionais cujo pensamento admiro profundamente. Em segundo lugar, porque acredito que, com o leque de enfoques abordados, nos aproximamos do que tem sido para todos nós fonte de profunda preocupação. Aparecem aqui a discussão sobre casos recentes da cobertura jornalística e a discussão sobre a utilização de outras formas de mídia, como a televisão estatal. E também não poderíamos deixar de lado o debate, cada vez mais ampliado, sobre ética e o ciberespaço.

A opção foi pelo formato de artigos solicitados e produzidos por cada pesquisador especialmente para a coletânea, em que se buscou juntar jornalistas, professores e pesquisadores de jornalismo. Dentre eles, há dois professores jornalistas e pesquisadores estrangeiros. O olhar a partir de outras paragens nos ajudou melhor a compor uma cartografia da ética no contexto atual, a partir do Velho Mundo e da América Latina.

Foram introduzidos deliberadamente estudo de casos e artigos, assim como a utilização de um gênero que nos possibilita o resgate metodológico de um recurso próprio da nossa área, das ciências humanas, das ciências da comunicação: a entrevista. Mais uma razão para caracterizar o livro como um trabalho sobre a ética aplicada ao jornalismo.

Raquel Paiva

ALBERTO DINES, ALÉM DO TEMPO JORNALÍSTICO

José A. Argolo

Conversar – ainda que on-line – com Alberto Dines é um privilégio que incorporo ao meu currículo pessoal. Vem, pois, de longa data, a admiração por este profissional de Imprensa. Ao tempo em que, como estudante de Jornalismo (no início dos anos setenta), eu e outros companheiros *ralávamos* editando e/ou escrevendo para pequenos jornais, ele era citado como exemplo de independência e coragem num período inicialmente marcado pela turbulência política e, em seguida – após o golpe militar de Março de 1964 –, pela exceção e o arbítrio. Com efeito, entre 1962 e 1973, foi editor-chefe do *Jornal do Brasil*, um dos mais conceituados diários deste País.

Peço licença para recordar aos leitores mais jovens, aos estudantes de Jornalismo, principalmente, que a Imprensa brasileira foi acometida de uma enfermidade chamada *censura prévia*, que se estendeu de 1968 até 1979. E que, durante todo esse tempo, centenas de jornalistas foram investigados, presos ou torturados em acatamento a uma *Doutrina da Segurança Nacional* que se revelou, acima de tudo, nefasta aos interesses e preocupações do povo brasileiro.

Tempos difíceis, aqueles. Mas interessantes à luz da História!

Os cursos de graduação em Comunicação Social eram quantitativamente poucos no País. Alberto Dines lecionava *Jornalismo Comparado* na Pontifícia Universidade Católica do Rio de Janeiro e, pelo que guardo na memória, alguns colegas universitários mais afortunados quanto ao tempo disponível iam de ônibus (quase ninguém tinha carro) até o *campus* da PUC, na Rua Marquês de São Vicente (Gávea, Zona Sul), para assistir às aulas que ele ministrava. Depois, nas rodas dos bares, conversávamos sobre as conclusões e conceitos emitidos.

Agora, no nosso caso, cumpridos quase trinta anos de experiência – no campo essencialmente jornalístico e de modo cumulativo e concomitante ao exercício do magistério superior específico para a formação profissional –, podemos vê-lo novamente como co-fundador, apresentador e mediador do *Observatório da Imprensa*, programa transmitido pela *TV Educativa.*

É o mesmo Alberto Dines, de sorriso permanente, voz pausada e bem colocada; o sempre atento professor de olhar penetrante e singularmente doce. Aos setenta anos, quase, com doze livros publicados (ver currículo no final do livro), uma série de prêmios merecidamente recebidos e intensa vida acadêmica, ainda encontrou tempo para responder, com infinita boa-vontade, às questões que lhe foram formuladas por este jornalista impaciente e, percebe-se, admirador confesso.

1. Durante os governos militares, a Imprensa – segundo pesquisa publicada na revista 'Veja' sobre a credibilidade das instituições brasileiras – ocupava o segundo lugar no 'ranking', ficando tão-somente abaixo dos Correios. Agora, redemocratizado o País, as pesquisas indicam que houve um declínio significativo desta confiança, caindo para o quarto lugar (abaixo da Igreja, do Exército e dos Correios). Como explicar esta situação?

RESPOSTA - Conheço uma pesquisa sobre a credibilidade das instituições publicada por "Veja" em abril de 1984, pela qual os Correios receberam a nota +72 e os jornais –13. A imprensa ficou em posição muito desfavorável. Pode ser que posteriormente tenham sido encomendadas outras sondagens. Pesquisas recentes encomendadas pela ANJ (Associação Nacional de Jornais) sobre a credibilidade dos diários deu-lhes apenas 15% contra 30% para a Igreja Católica. A corporação vibrou mas é preciso reconhecer que o resultado é pouco animador (ver as edições on-line do "Observatório" de 22/8 e 29/8 de 2001 e o compacto do programa de 21/8).

De qualquer forma, a pesquisa da "Veja" foi realizada no período final do regime militar, depois da campanha das Diretas. Neste episódio a imprensa quase em uníssono apresentou-se como a vocalizadora das aspirações não apenas da classe política como da maciça maioria da sociedade brasileira. A cruzada pelas diretas coincidiu com a formulação e divulgação do conceito de sociedade civil, tendo sido a imprensa a sua principal veiculadora. Com as inevitáveis caricaturas (caso daquela grande foto no alto da primeira página da "Folha de S. Paulo" mostrando representantes de instituições engajadas na campanha das diretas e, na legenda, com o seu proverbial instinto promocional, a indicação de que ali, no terraço da "Folha", estava a Sociedade Civil).

Convém acrescentar que nas duas décadas anteriores (que coincidem com o golpe militar e seus desdobramentos) o desempenho de parte considerável da grande imprensa foi omisso. E subserviente. Não podemos esquecer que todos os grandes jornais – exceto a "Última Hora" – participaram da conspiração para derrubar Jango Goulart. Todos os grandes veículos, em diferentes momentos, submeteram-se à autocensura. Se houve alguma outra sondagem da "Veja" em que a Imprensa apareceu com alta de credibilidade isto deve ser creditado ao fugaz episódio das Diretas.

Paradoxalmente, o fim do regime militar e o começo da democratização coincidem com o início de um processo de deterioração dos padrões de qualidade jornalística que haviam conseguido sobreviver às dificuldades do regime militar. Criaram-se novos paradigmas que não foram impostos de fora para dentro – caso da censura ou autocensura – mas nasceram dentro da própria instituição jornalística.

Foi um ato de força, força corporativa. Começou inocentemente com a criação da ANJ (Associação Nacional de Jornais, que incluía também as revistas) mas, na realidade, foi uma reação empresarial à greve dos jornalistas de 1979. Gradualmente converteu-se num poderoso grupo de pressão que, de certa forma, afetou o pluralismo e a diversidade tão necessários ao processo democrático.

Uma das primeiras ações deste conglomerado corporativo foi escolher o "USA Today" como paradigma jornalístico. A "Folha de S.Paulo" teve papel destacado nesta opção mas foi muito ajudada por consultores ligados à Universidade de Navarra e a uma consultoria privada com base em Miami (a ela associada). O esquema baseava-se em notícias curtas, rasas, sem contexto, continuidade ou profundidade, enfeitadas pelas cores do show-business. Muita variedade, gente, pouco noticiário internacional. E muito marketing, promoções e fascículos. O mercado passou a comandar as decisões editoriais. Abertamente. Bom jornalista – dizia-se abertamente naqueles dias – deveria passar pelo departamento de marketing. Este era o percurso ideal de um editor.

Este modelo jornalístico estimulou a leviandade, a superficialidade e deu origem a seu filho bastardo: o sensacionalismo e a leviandade. O leitor mais qualificado percebeu que o seu jornal - ou revista - exigia muito pouco dele. Em troca, também passou a exigir pouco do veículo preferido. Equação perigosa porque afetou os níveis de exigência e participação em todas as esferas. Na véspera do processo da mundialização da economia, o mundo praticamente evaporou dos jornais e revistas.

O modelo "USA Today" foi adotado de forma ampla, estendendo-se aos principais jornais nacionais e à imprensa regional neles inspirada. Este estranho movimento corporativo não foi casual, decorreu de um impulso perfeitamente explicado pela ciência política: o vácuo da intervenção militar precisava ser preenchido por um outro poder – no caso, as associações de empresas jornalísticas. Até então seria inconcebível sentar na mesma mesa donos de jornais concorrentes. De repente, desapareceu a animosidade e armou-se uma comunhão: todos juntaram-se para adotar políticas editoriais, profissionais e mercadológicas comuns. Meio termo entre lobby e cartel. O que nos leva a concluir que a democratização da informação, paradoxalmente, trouxe consigo a neutralização da concorrência e uma perigosa tendência para a concentração.

Esta ação coletiva que começou a funcionar no início dos anos 80 não se dirigia apenas às questões relativas à política ou ao processo de normalização democrática – o que seria legítimo – mas incluía os interesses empresariais no mercado de trabalho, visando assegurar mão-de-obra mais barata e, sobretudo, mais submissa. Esta "concertação" envolveu o súbito culto aos manuais de estilo (convertidos em diktat para controlar a criatividade e a invenção dos jornalistas) e chegou ao "design", à febril cadernização que debilitou os cadernos centrais de notícia e opinião, às pautas, aos maneirismos e à própria concepção do que é certo ou errado em jornalismo.

Então não se falava em mídia, a imprensa pluralizou-se mais recentemente porque os meios de comunicação, eles próprios, imantaram-se de tal forma que perderam sua individualidade, assumindo um "espírito de manada", pool de irresponsabilidade. O "jornalismo fiteiro" baseado em fitas gravadas ilegalmente ao qual a imprensa brasileira entregou-se de corpo e alma nos últimos anos é herdeiro direto do binômio corporativismo-mimetismo que nasceu no fim da ditadura.

2. A chamada 'indústria do sensacionalismo' gerou um quantitativo tão grande de processos por danos morais contra os jornais/ revistas e emissoras de rádio e televisão, que – a médio prazo – poderá inviabilizar o futuro destas empresas devido ao custo financeiro. Haverá tempo hábil para superar a crise?

RESPOSTA - A indústria do sensacionalismo tem a ver com a indústria do espetáculo e com a sociedade-circo da qual os magistrados não querem alijar-se. Juízes hoje também querem aparecer no grande show da mídia. Sentenças despropositadas inclusive no que diz respeito ao vulto das indenizações fazem parte deste arsenal para alimentar celebrações, egos e narcisismo. Quando um magistrado pronuncia-se fora do âmbito do processo e muito antes de assinar a sentença ou parecer está conscientemente pendurando a toga e devassando o recato da justiça. E quando isto ocorre na instância suprema (o STF) converte-se imediatamente em paradigma para os foros inferiores. O Judiciário perdeu o pudor e a compostura. Advoga em causa própria e o faz aberta e impunemente. Quando castiga um veículo jornalístico ou um profissional muitas vezes o faz por arrogância, para sobrepor-se ao poder da imprensa.

3. O estímulo ao 'denuncismo' – em vigor na maioria das redações – permitiu que fossem destruídas reputações e carreiras como num 'passe de mágica'. Informes 'plantados' ganham corpo e são transformados em reportagens logo esquecidas (à semelhança do escândalo da Escola Base[1], dos Jardins da Casa da Dinda[2], etc). Como desmantelar esta lógica perversa que, embora contribua para ampliar as vendas dos jornais/revistas nas bancas, desfigura o Jornalismo como profissão?

RESPOSTA - O problema do denuncismo agrava-se no Brasil porque os editores e diretores são geralmente inseguros. À primeira acusação publicada por um veículo – qualquer veículo, responsável ou não – correm todos na sua esteira, sem investigar ou sequer contraditar. Há um medo de levar bronca do departamento de circulação porque o concorrente está explorando determinada questão e ganhando muita exposição. Os editores também são pressionados pelas bases – a reportagem – que, no trabalho de campo e também por insegurança, se acomodam em pools informais.

4. 'Ética' e 'Deontologia' não deveriam ser absorvidas tão-somente no cotidiano prático das redações. Que recomendações o senhor daria aos coordenadores das Escolas de Jornalismo para reformatar as respectivas grades curriculares e, simultaneamente, legar aos estudantes bagagem indispensável ao exercício da profissão?

---

[1] As denúncias infundadas (publicadas na Imprensa) sobre orgias sexuais que teriam acontecido na 'Escola Base', em São Paulo – supostamente envolvendo funcionários e crianças –, resultaram na 'implosão' daquela unidade de ensino infantil e em graves danos psicológicos e profissionais para as pessoas citadas nas reportagens.

[2] A reportagem publicada na revista 'Veja' sobre os 'Jardins da Casa da Dinda' (propriedade do sr. Fernando Collor de Mello), em Brasília, apresentou, na verdade, uma série de ampliações e montagens cabalmente desmentidas.

RESPOSTA - Não sou professor nem estou ligado aos grupos de professores que assessoram o Ministério da Educação. Mas sei que no currículo que vigorou de 1984 até a aprovação da LDB (e que muitas escolas ainda não mudaram) há uma disciplina obrigatória denominada *Legislação e Ética*. Para começar, há um grave erro conceitual – Legislação nada tem a ver com Ética. A Lei impõe procedimentos, a Ética pressupõe o livre arbítrio, a consciência, os compromissos morais. Leis e Ética não são necessariamente coincidentes e convergentes. Por outro lado, como muito bem lembrou o prof. Muniz Sodré numa das mais comentadas emissões televisivas do "Observatório da Imprensa", no Brasil confunde-se Deontologia com Ética. Eu iria mais longe: no Brasil não se sabia até aquele momento o que era Deontologia. Em Portugal – onde vivi e trabalhei ao longo de sete anos – a noção de Deontologia aparece com freqüência quando se discutem comportamentos e procedimentos corporativos ou gremiais. Ninguém ousaria falar em Código de Ética mas em Código Deontológico, porque Ética é uma porção da Filosofia e da Moral que não pode ser comprimida ou reduzida a um conjunto de normas pragmáticas de conduta. Ética situa-se numa esfera superior e íntima, obviamente mais abrangente e muito mais complexa. Quando Weber mencionou a Ética Protestante, usava a expressão corretamente. Quando falamos em Ética do Trabalho também estamos certos. Mas a conduta e os deveres profissionais, seja de advogados ou jornalistas, devem ser estudados numa disciplina apropriada, claramente definida e relacionada com a práxis, o exercício e o uso profissional. Sob o ponto de vista acadêmico e didático, o certo seria juntar Ética e Deontologia Jornalística (porque a deontologia publicitária ou das assessorias de comunicação é diversa quando não antagônica). É um erro discutir Deontologia numa turma de comunicação, porque jornalistas e publicitários têm visões diferentes. A propósito desta discrepância, um professor lembrou-me recentemente daquela frase do filme "O Informante" quando o jornalista responsável pelo programa contesta as ponderações da advogada da empresa que desejava suprimi-lo: "Trabalhamos na mesma empresa mas temos profissões diferentes".

Juntando Ética e Legislação muitas escolas acabam entregando a disciplina a um bacharel que ignora solenemente os fundamentos e a história da Ética, fixado em questões puramente jurídicas e, o que é pior, amparado numa legislação defasada e incompleta. Por aí vemos como está mal-estruturado o ensino do jornalismo no Brasil.

5. A demissão (recente) do colunista Ricardo Boechat (O Globo/TV Globo) abriu caminho para uma ampla discussão sobre os limites do envolvimento de jornalistas com suas fontes de informação. Ao mesmo tempo, fez emergir a fragilidade do vínculo destes profissionais com as corporações noticiosas. Quais são, de fato, esses limites? E mais: como reforçar esse vínculo sem restringir a liberdade de consulta às fontes?

RESPOSTA - O "Episódio Boechat" ainda não foi suficientemente discutido, explicado e entendido. Embora o próprio protagonista tenha tratado dele com grande candidez. Mas desde já pode ser considerado como marco para uma futura discussão sobre o envolvimento de jornalistas com as fontes. Uma coisa é certa: o jornalista brasileiro – sobretudo o que ocupa posição de destaque – geralmente deixa-se amarrar às fontes. Não por interesse material (embora isso também ocorra) mas por amizade, empatia, identidade política ou espírito de corriola, esta instituição nacional mais corruptora do que a própria corrupção. Este envolvimento não se manifesta apenas no âmbito dos que assinam colunas noticiosas mas envolve articulistas e analistas. Os repórteres, porque são obrigados a cumprir uma pauta muito diversificada, são os menos enredados nesta teia.

Os jornalistas especializados em economia – com raras exceções – são inteiramente dominados pelas fontes. E muitas vezes postos a serviços de seus interesses. Nestes tempos de crise, com os mercados nervosos e irracionais, o noticiário econômico ficou dominado pelo noticiário financeiro por força da submissão da maioria dos jornalistas às suas fontes no mercado de capitais. Com um telefonema a um grande operador do mercado faz-se uma manchete, isto é muito mais fácil do que ir às fábricas ou examinar in loco o ciclo produtivo. Este noticiário sobre o mercado financeiro reflete sobretudo as jogadas

das fontes. Exemplo disso foi o caso da apresentadora de um programa diário de economia numa emissora a cabo que, para garantir a confiabilidade das suas informações e sem se dar conta da gravidade do que dizia, se saiu com algo assim: "Minha fonte há alguns dias fez um ataque pesado ao Real mas agora acha que a situação normalizou-se, etc., etc." Confessou publicamente que suas fontes eram especuladores e que, portanto, suas informações poderiam estar favorecendo os respectivos negócios. Estas coisas não chamam a atenção dos editores e chefes, tornam-se naturais e vão criando uma crosta de insensibilidade em torno da lisura do processo informativo.

O ex-senador ACM tinha à sua volta uma corte nada desprezível de editores, opinionistas, editorialistas e até donos de empresas jornalísticas. Exemplo pitoresco deste atrelamento foi o caso de um importante articulista, "sindicalizado" pelos mais importantes jornais do país. Uma de suas fontes arvora-se como entendido em filosofia política e passou-lhe um comentário malévolo a respeito de um discurso no qual o Presidente referiu-se a Maquiavel. O articulista reproduziu-o e como o seu forte não é a filosofia política meteu os pés pelas mãos. A "fonte" percebeu a burrada e no dia seguinte o articulista teve que pedir desculpas ao Presidente da República e aos leitores pela interpretação errônea. Ficou evidente que alguém "soprara" tanto a malícia inicial quanto a errata.

6. As novas tecnologias impuseram um ritmo alucinado às corporações noticiosas, sob certo prisma isolando os jornalistas em seus 'universos-tela' de 15/17 polegadas e 'desumanizando' o convívio diário. A tal ponto que, com assustadora freqüência, demissões de repórteres/editores têm sido aprovadas pelo 'alto clero' das redações e efetuadas mecanicamente, on-line. Nenhum contato direto, pessoal, incluindo palavras ríspidas ou – hipótese contrária – de conforto. Será possível reverter este quadro?

RESPOSTA - Creio que a culpa não é das tecnologias mas daqueles que não sabem se sobrepor a elas. O problema situa-se além da arquitetura dos ambientes de trabalho, na esfera de recursos humanos. As empresas hoje querem mão-de-obra barata, jovem, sem experiência de vida e sem grande discernimento. Para comandar estas equipes escolhem pessoas medíocres e ambiciosas, sem grandes preocupações morais e imunes às crises de consciência. Apostam em profissionais que querem subir de qualquer maneira, incapazes de pensar por conta própria. Neste ambiente acrítico e amoral, a tecnologia acaba sendo usada perversamente.

Repare nesta entrevista: não fosse o computador e a Internet ela não poderia se realizar já que entrevistado e entrevistador estão separados por 500 quilômetros e por agendas de trabalho que dificultam uma interlocução direta, pessoal. Mas como não se trata de uma reportagem (onde o olho do repórter é indispensável para reproduzir as circunstâncias ambientais) mas de uma troca de opiniões, este depoimento pode materializar-se sem grandes percalços. Graças à tecnologia estamos participando de um diálogo, "mecanizado" sem dúvida, mas também profícuo. Sócrates, que empregou os diálogos intensamente como ferramenta para o conhecimento e a busca da verdade, jamais poderia imaginar um diálogo cibernético. Aliás, Sócrates também foi contra a implantação do alfabeto, porque sua utilização acabaria com a capacidade de memorizar.

7. Em alguns países do 'Primeiro Mundo' (Reino Unido, França e Alemanha, principalmente), é notável a preferência do grande público[3] *pelas notícias elaboradas por jornalistas que, de modo independente (via Internet), difundem reportagens e 'análises finas' desatreladas dos interesses dos grandes jornais. No Brasil esta opção ainda não é muito conhecida. Como o senhor interpreta esta questão, sob a égide da qualidade e da extensão?*

RESPOSTA - Acho que neste caso a tecnologia também resultou positiva. Já temos no Brasil sites informativos e analíticos de excelente qualidade. Imodestamente ouso citar o caso do "Observa-

[3] Nesses países, alguns diários registram perdas consideráveis no número de leitores. As preferências estão recaindo sobre os 'sites' elaborados por jornalistas de alta credibilidade, que optaram por um trabalho mais independente.

tório da Imprensa", experiência única. O *no.com* também foi uma história de sucesso, tanto sucesso que está sendo comprado por um grande conglomerado jornalístico. É evidente que sua independência ficará comprometida mas o exemplo abre caminho para experiências similares e sucessivas. O sonho de ser dono do seu próprio veículo democratizou-se graças à Internet.

8. A utilização de equipamentos eletrônicos de última geração (minicâmeras, minigravadores, microfones sem fio, etc.) tem sido costumeira por parte dos jornais/revistas e emissoras de rádio e TV, no esforço para documentar algumas reportagens 'especiais'. Esses recursos, no entanto, caracterizam violação de privacidade, com a gravação/filmagem de declarações 'não autorizadas'. Qual é a sua interpretação sobre esta prática?

RESPOSTA - A violação da privacidade pode fazer-se sem a ajuda de equipamentos de última geração. A brutal avidez da grande mídia brasileira na cobertura da vida pessoal e sentimental da prefeita de S. Paulo é a demonstração de como tanto a Ética quanto a Deontologia podem ser atropeladas mesmo usando uma Bic e uma lauda de papel. Obviamente os recursos tecnológicos facilitam também a transposição dos limites. Como ficou visto nas respostas anteriores, a tecnologia afeta mais aqueles que não estão preparados para ela. O uso de uma minicâmera de TV ou de um minigravador só deveria ser autorizado pelo comando das redações.

9. Até que ponto se justifica a manutenção de uma 'Lei de Imprensa', quando bastaria a incorporação de um ou dois parágrafos aos Códigos Civil e Penal para configurar os delitos específicos e fixar não somente as sanções cabíveis, como o quantum financeiro destinado à reparação dos possíveis danos de ordem moral e psicológica?

RESPOSTA - Mesmo que estes parágrafos sejam incorporados a um dos Códigos, fatalmente acabariam atraindo um nome. A vocação para batizar é muito forte. Mas acho que não deveríamos ter pudor de ostentar em algum código ou estatuto regulamentos concernentes especificamente à imprensa. Estamos na Era da Informação, portanto devemos dar uma atenção especial ao desempenho dos veículos que distribuem informações, sobretudo porque estes veículos, esquecidos de seus compromissos como prestadores de um serviço público, assumiram-se despudoradamente como negociadores de informações. Recentemente, num Congresso da Associação Nacional de Jornais, o representante de um grande jornal carioca propôs abertamente uma *cooperação* entre a redação e os diferentes departamentos comerciais. E ninguém estrilou, acharam perfeitamente normal. Nos EUA, quando o Los Angeles Times tentou fazer esta perigosa sinergia, criou-se tamanha celeuma na grande imprensa que o jornal foi obrigado a recuar.

É preciso levar em conta que o liberalismo político de fins do século XVIII e o liberalismo econômico do fim do século XX são diametralmente opostos. Não significam a mesma coisa, apesar de ambos ostentarem a bandeira "libertária". Quando os *founding fathers* da democracia americana aprovaram a Primeira Emenda à Constituição (na qual se proíbe qualquer lei que impeça a livre manifestação de opiniões ou crenças), os periódicos de então eram essencialmente políticos. Hoje um país preocupado com a sua cultura e o seu desenvolvimento não pode abdicar de regulamentar ou classificar o conteúdo das emissões da televisão comercial (por horário e faixa etária) porque esta substituiu a família e a escola, tornando-se a principal formadora de valores e conceitos da sociedade. A Primeira Emenda nos EUA ainda é um tabu legal, referência obrigatória da jurisprudência. Mas se examinarmos com isenção o trabalho do pool televisivo que cobriu a apuração das eleições presidenciais americanas e os erros de avaliação na projeção dos resultados da pesquisa de "boca de urna" veremos que isto só aconteceu porque nenhuma ONG ou grupo de cidadãos teve a coragem de embargar aquele pool com medo de ferir a *First Amendment*.

No tocante às indenizações: se houve prejuízo material, a reparação deve ser material. Mas se houve prejuízo moral, a reparação deve ser moral. Neste caso, a matéria reparadora depois de publicada deve ser submetida a um perito capaz de avaliar se o título e o destaque conseguiram remediar efetivamente a ofensa. Temos visto ultimamente veículos publicando sentenças judiciais teoricamente reparadoras com apresentação anódina e inexpressiva. Magistrados também deveriam consultar peritos para avaliar o vulto da indenização, só assim se evitariam alguns desmandos.

10. A instalação de 'núcleos de advogados' especialistas em responsabilidade civil/penal no âmbito das redações ('solução' interpretada como 'ótima' pelos proprietários e/ou concessionários dos órgãos de difusão) produzirá efeitos 'negativos' e 'imediatos' sobre os jornalistas. Aos advogados – e não mais aos editores ou ao Diretor de Jornalismo – caberá a leitura preliminar dos textos elaborados e delimitar o que pode ou não ser publicado, de modo a reduzir o número de interpelações judiciais e ações indenizatórias. Qual a sua opinião a respeito ?

RESPOSTA - Já me referi antes ao filme "O Informante" em que o advogado da rede de televisão estava preocupado apenas com o riscos financeiros ou mesmo acionários. Advogado não é jornalista, advogado advoga a causa dos clientes, seu compromisso liminar consiste em atendê-lo satisfatoriamente nas questões propostas, mesmo que confronte aspectos morais ou éticos. Já o cliente do jornalista é o leitor, o telespectador, o ouvinte – o cidadão que precisa ser informado com isenção. O jornalista advoga o interesse público. Se transferimos para os advogados o poder de decidir o que é certo publicar, tiramos do jornalista o livre arbítrio e, com isso, esvaziamos completamente o seu senso de responsabilidade, seus dilemas éticos e morais, sua atenção ao código deontológico. É óbvio que se pode pedir aconselhamento a bacharéis ou juristas sobre determinada publicação. Mas quem deve dar a palavra final é o jornalista.

11. Face a tantas restrições (melhor seria dizer 'imposições') de ordem jurídica e administrativa observadas nos cotidianos das redações, que iniciativas de trato pedagógico poderiam ser consolidadas pelos órgãos de classe (Federação Nacional dos Jornalistas,

Sindicatos, Associação Brasileira de Imprensa) no sentido de prover orientação dinâmica e segura aos profissionais de Imprensa?

RESPOSTA - Infelizmente, tanto a FENAJ (e os sindicatos a ela afiliados) quanto a ABI estão muito desgastadas. A primeira porque tornou-se o braço de uma Central Sindical que passou a comandar os seus impulsos. Lembro que quando se criou uma comissão de professores e profissionais para organizar o Provão para jornalistas a FENAJ indicou alguns nomes de grande gabarito para integrá-la. Logo em seguida, atendendo a pressões político-partidárias da CUT, a FENAJ os "desnomeou". E o que aconteceu? Aqueles professores e profissionais, porque acreditavam que o ensino do jornalismo precisava ser supervisionado e aferido, aceitaram continuar na comissão dos trabalhos como "pessoas físicas".

É preciso lembrar sempre que 60% (ou mais) dos jornalistas sindicalizados hoje são assessores de comunicação. Significa que a corporação dos profissionais de imprensa é conduzida por pessoas que, no momento, desempenham outra profissão. Nada contra as assessorias, são legítimas. Mas sua deontologia e seus interesses vão na contramão da deontologia e interesses dos profissionais de imprensa. A ABI é um caso diferente, tem condições de reencontrar novas funções (veja abaixo).

12. O 'Observatório da Imprensa' transformou-se numa bem ajustada tribuna onde assuntos instigantes relacionados ao Jornalismo (e, por extensão, à sociedade) são discutidos com seriedade. O que ainda pode ser acrescentado ao programa, sem descaracterizá-lo?

RESPOSTA - Em primeiro lugar, o "Observatório da Imprensa" não é apenas um programa de TV, é um projeto social e político para tornar a sociedade mais ativa e menos resignada na sua relação com os veículos de informação. Começou e continua amparado na edição on-line, também semanal porém muito mais aberta à participação cidadã (pela própria natureza e formato do meio). O mote "Você nunca mais vai ler jornal do mesmo jeito" é uma proposta de participação e de ação social. Estamos querendo democratizar o ceticismo de modo que pelo menos uma parcela da sociedade tenha condições de exigir um jornalismo mais responsável e mais qualificado. Posso afirmar que é uma experiência única sob diversos pontos de vista. Nos EUA existem duas entidades de *media-watching*, uma liberal (politicamente), mais à esquerda, e outra conservadora. Atendem mais ao meio acadêmico e profissional. Nós falamos com a sociedade inteira, com o leitor e o telespectador. Nos "Observatórios" nosso maior empenho é despolitizar a crítica da mídia, olhar o desempenho da instituição jornalística e de seus veículos sem qualquer viés partidário. No programa temos convidados de todas as tendências, dizendo o que lhes interessa dizer, desde que seja pertinente ao nosso foco – a imprensa. No site, porque a participação é ilimitada, esta abrangência é ainda maior. Precisamos abrir o programa à participação do cidadão mas isto só será possível quando se democratizar a banda larga e a webcam. Esta idéia estava presente quando começamos o programa mas não podemos nos antecipar à tecnologia. Outro acréscimo – este dependente de recursos – é a participação de jornalistas brasileiros ao vivo do exterior. Na impossibilidade temos recorrido a depoimentos gravados, por telefone. O que não é a mesma coisa.

13. Até que ponto a criação de um órgão superior – à semelhança do Conselho Federal da Ordem dos Advogados do Brasil –, como vem sendo articulado em Brasília, contribuirá para minimizar os graves problemas enfrentados pelos jornalistas no cotidiano profissional ?

RESPOSTA - A ABI é, naturalmente, este órgão superior. O futuro desta grande instituição está na sua capacidade e na sua vontade de converter-se no equivalente da Ordem dos Advogados. Sei que este assunto está sendo estudado por pessoas da maior seriedade e competência. Acho que caberá a esta futura Ordem dos Jornalistas (ou que nome tenha) não apenas cuidar do cotidiano profissional, como, sobretudo, estabelecer um Exame Nacional de Habilitação – tão rigoroso quanto o exame da OAB – de modo a corrigir as distorções produzidas pela "indústria do diploma" que coloca no mercado milhares de profissionais inteiramente despreparados tanto no aspecto técnico quanto intelectual para o exercício do jornalismo. Além dos advogados, também os contadores são submetidos a um exame nacional. E, para provar a força do corporativismo no Brasil, quem está tentando embargar o exame nacional de suficiência para contadores é a própria Federação Nacional. Dela esperava-se o contrário.

14. Há 25 anos, durante seminário realizado na Associação Brasileira de Imprensa, o jornalista Ricardo Kotscho chamou a atenção da assistência, advertindo que a reportagem estava no fim (referindo-se ao desinteresse manifesto da chamada Grande Imprensa pela cobertura abrangente, completa e continuada dos fatos jornalísticos). Qual é a sua opinião a respeito?

RESPOSTA - Consta que o jornalista em questão é um bom repórter, imagino que hoje não diria a mesma coisa, mesmo porque, trabalhando para grandes empresas, é a demonstração viva de que o seu vaticínio não se materializou. Jornalismo faz-se principalmente com informação e quem vai buscar a informação, em geral, é o repórter. É evidente que o jornalismo brasileiro por vontade própria está esvaziando a função do repórter. Exemplo: quando um editor recebe um grampo e publica sua transcrição sem se dar ao trabalho de investigar o que está dito naquela fita – independente da legalidade ou ilegalidade da gravação – está contribuindo para matar a reportagem. Quando o editor aceita que o repórter faça cinco matérias por dia na base de telefonemas sem nenhum trabalho de campo está colaborando decisivamente para acabar com a função do repórter como a entende a minha geração ou as outras, próximas. Quando o telerrepórter vai à rua apenas para "dizer" a informação ou, no máximo, ambientá-la numa locação também está cooperando para subverter a função de reportar. Quando o rádio-reportagem resume-se a enfiar o microfone na cara do entrevistado ou contenta-se com a enquete de rua então assistimos ao suicídio da rádio-reportagem. É evidente que estes profissionais – chefes ou subordinados – estão submetidos a um sistema empresarial despreocupado com a qualidade da informação oferecida ao público. Mas sem este "colaboracionismo" de dentro das redações as imposições empresariais não conseguiriam manter-se. O empresário e o executivo, na sua grande maioria, estão se lixando para os grandes problemas que afligem o jornalismo e a imprensa. No máximo assumem o jargão e mimetizam as preocupações mais visíveis. Portanto, há uma cumplicidade dos jornalistas na desqualificação do jornalismo e da reportagem. Não estou propondo que os jornais, rádios, televisões ou revistas entrem todos no vermelho e acabem falidos. Estou sugerindo uma atitude crítica permanente para ser adotada por jornalistas – mandantes ou mandados – de modo que não sejam castrados pela rotina e embrulhados pela pauta. Esta visão crítica cotidiana, dentro e fora do horário de trabalho, é o único antídoto para o veneno da resignação. Repórter nasce e morre repórter, não posso acreditar que um repórter possa anunciar o fim da reportagem. Seria como o músico proclamar a morte da música. Estaria anunciando seu próprio desaparecimento.

15. Em muitos países inexiste a graduação em jornalismo. Os profissionais de Imprensa são formados em outros campos das Ciências Sociais (Sociologia, Antropologia, Letras, História, etc)... e são muito bons! O sr. considera imprescindível a formação universitária específica? Ou um curso de pós-graduação seria suficiente para qualificá-los?

RESPOSTA - Já defendi a obrigatoriedade do diploma para o exercício do jornalismo. As últimas edições do "Papel do Jornal" (a partir de 1986) contêm um apêndice em que faço a defesa desta posição. Não me arrependo, na ocasião e naquelas circunstâncias, era a única posição para defender a integridade do jornalismo. Infelizmente não conseguimos converter as escolas de jornalismo em oficinas profissionais autênticas. Na melhor das hipóteses e muito raramente produzem estudiosos de jornalismo, o que não é a mesma coisa. Já naquele apêndice eu defendia para o futuro a adoção de mestrados profissionalizantes. O estudante poderia graduar-se em letras, agronomia, economia ou direito mas deveria fazer alguns semestres (três ou quatro) para aprender não apenas as técnicas de contar uma história como também fazer uma imersão mental e cultural para assumir aquela carga de subjetividade sem a qual não se faz o jornalista. Esta proposta veio da minha experiência como Professor Visitante da Escola de Jornalismo da Universidade de Colúmbia (Nova York), aliás meu único título acadêmico. Em apenas dois semestres, intensíssimos, num mergulho integral, fazem-se grandes jornalistas. Já no primeiro dia, logo depois da aula inaugural, a moçada vai para a rua para fazer a primeira matéria. Mas, atenção, esta pós-graduação é rigorosamente profissionalizante. Não se pretende formar comunicólogos mas jornalistas capazes de enxergar integralmente a profissão, o que significa a inclusão de disciplinas teóricas como História do Jornalismo, Sociologia ou mesmo Crítica da Mídia.

16. A eleição por um ano – renovável – do editor-chefe, como acontece no El País (Espanha), mostra que a Redação também pode ser um espaço democrático. O sr. acredita na hipótese da adoção deste modelo nos principais órgãos da Imprensa Brasileira?

RESPOSTA - A idéia é boa, devemos nos preparar para ela, mas é preciso não esquecer que este "espaço democrático" é limitado pelas listas tríplices aprovadas previamente pela direção da empresa. Acho que o inimigo da democratização das redações continua sendo o corporativismo e o "corriolismo" (que andam sempre de mãos dadas). Neste momento, uma eleição para o cargo máximo dentro de uma redação brasileira seria conduzida dentro de critérios não-profissionais e sobretudo partidários.

17. Durante doze anos (1962-1973) o sr. foi editor-chefe do Jornal do Brasil. Viveu, portanto, alguns instantes de alta tensão no plano ético-profissional. Seria possível destacar um ou dois exemplos?

RESPOSTA - O primeiro grande desafio ocorreu no início da noite do dia 13/12/68 quando foi anunciado o AI-5 e, logo depois, chegaram os militares encarregados de fazer a censura prévia. Lembro perfeitamente a minha reação quando falei com o dono do JB, M.F. do Nascimento Brito: "Precisamos mostrar ao leitor já na edição de amanhã que estamos sob censura e que ele deve ler o jornal com desconfiança". Obtive a autorização para furar a censura desde que isto fosse feito de forma disciplinada. O resultado foi a memorável edição do JB no dia 14/12 que desmoralizou uma censura que apenas começava. Infelizmente, a censura prévia foi substituída pela autocensura algumas semanas depois e, para neutralizar qualquer ação de minha parte, passei aquela noite de janeiro preso por ordem da 2ª Seção do Primeiro Exército. Nos outros grandes jornais brasileiros a troca de sistemas foi menos truculenta. De qualquer forma, nos cinco anos seguintes tentamos ao máximo manter o leitor informado ainda que de forma circular, como foi o caso da edição sobre a derrubada de Allende (12/9/73).

A PUBLICIZAÇÃO DA ÉTICA NO ESPAÇO MIDIATIZADO

Raquel Paiva

Dentre as referências muito conhecidas de "A Divina Comédia', do italiano Dante Alighieri, a última frase dos escritos do portal do Inferno é a mais citada, e apenas ela já nos bastaria para traçar uma analogia com o sentimento de desamparo característico do momento atual. Contextualizar o escrito do portal permite compreender – dada a carga dramática expressa na chegada ao Inferno de Dante, acompanhado pelo poeta Virgílio – muito do desalento reinante na atualidade. Afinal, leram os dois grandes expoentes da literatura italiana:

Per me si va ne la cittá dolente,
Per me si va ne l'etterno dolore,
Per me si va tra la perduta gente.
Giustizia mosse il mio alto fattore:
Fecemi la divina podestate,
La somma sapienza e 'l primo amore.
Dinanzi a me non fuor cose create
Se non etterne, e io etterna duro.
Lasciate ogni speranza, voi ch'intrate

Seria a figura metafórica do inferno aquela que mais proximidade tem com o quotidiano da atualidade? O último verso – "abandone toda esperança, todos vocês que por aqui entrarem" – adequa-se ao sentimento de incapacidade de intervenção dos cidadãos no que constitui o real histórico que parece definir de forma preponderante a vida das pessoas. A simples distinção entre as alternativas de comportamento no tratamento de uns com os outros não parece ser norteada no momento por qualquer regra social mais sólida e consensual. Este perfil, que tem como pano de fundo o excesso de individualidade, parece prescindir de qualquer esteio normatizador do conjunto.

É necessário pontuar que a origem do atualmente tão propalado atomismo social esteja na excessiva ênfase – nem sempre muito visível, mas nem por isto menos eficaz – que na história da humanidade deu-se ao indivíduo, em detrimento de uma visão de coletividade. Esta ênfase no indivíduo desenvolve-se a partir de formas antigas ao individualismo. Pode-se remontar mais ao final do século XIX, ao racionalismo livre de Descartes, que impõe a cada pessoa a responsabilidade de pensar por si própria; ou, ainda, no individualismo político de Locke, que atribui à pessoa e à sua vontade a prioridade em relação às obrigações sociais. Senão, às idéias inauguradas por Santo Agostinho, que dizia que o caminho em direção a Deus passaria por nossa própria consciência reflexiva.

Mas Rousseau é o filósofo que primeiro vai imprimir uma mudança nesta compreensão da liberdade, da lei e da moral, cujo problema, segundo ele, consiste em prestar atenção à voz da natureza dentro de nós. Esta voz seria as paixões que produzem nossa dependência do olhar dos outros, sendo as principais o amor-próprio e o orgulho. Para Rousseau, a nossa saúde moral estaria no retorno a um contato autêntico com nós mesmos, que ele nomeia como o "sentimento da existência" . Outra idéia bastante disseminada a partir de Rousseau é a da liberdade autodeterminada, ou seja, cada um é livre na medida em que decide por si mesmo o que lhe concerne.

A liberdade autodeterminada tem tido um papel definitivo na vida política. E o próprio Rousseau assim a reconheceu, na medida em que produziu o conceito do contrato social fundado sobre a vontade humana, precisamente porque ele exprime a liberdade comum. Em síntese, Rousseau favoreceu o entendimento da necessidade de leis e de instrumentos de regulação sociais como requisitos indispensáveis para a existência de uma sociedade, mas também como propiciadores da própria liberdade .

Duas releituras dos clássicos nos permitem tomar contato com algumas das reflexões que se têm promovido sobre a natureza do horizonte moral atual. A primeira delas, empreende o filósofo canadense Charles Taylor[1] , para quem a vigência de uma ética da realização de si, uma outra espécie de individualismo, seria incompatível com o instrumentalismo e o egoísmo possessivo, característicos do período atual. Taylor destaca, dentre os males da atualidade, a perda da liberdade. A sua análise se consolida com o entendimento de que todas as formas de individualismo propõem modelos de sociedade ao mesmo tempo que definem a liberdade do indivíduo.

Ele aponta duas significações bastante diferentes para o conceito de individualismo. O individualismo da anatomia e da ruptura, que não comporta qualquer ética social, e o individualismo como princípio ou ideal moral, que diz como o indivíduo deve viver com os outros. Portanto, a instalação de um horizonte em que seja possível a substituição de uma ética marcada pela auto-referência por uma ética norteada por um conjunto de normas que possibilite a convivialidade quotidiana.

Neste sentido, vale citar um outro caminho teórico, tomado pelo italiano Roberto Esposito, que em seu livro "Communitas"[2] , ao definir comunidade no seu mais largo sentido de relação entre os homens, explora a idéia de que é a lei, e não a vontade, que dá origem à comunidade. Segundo ele – valendo-se basicamente dos pressupostos de Kant a partir das idéias de Rousseau, que reinterpreta o conceito de liberdade em termos puramente morais – "a lei é a ordem das coisas no sentido de que ela é o *nexus* e o *logos* que mantém o conjunto". Entretanto, não se furta a admitir que a lei traz dentro de si o germe da sua contradição, a liberdade e o mal que marcam a natureza humana em sua origem.

---

[1] TAYLOR, Charles. Le malaise de la modernité. Paris, Les éditions du Cerf, 1994,p.52

[2] ESPOSITO, Roberto. Communitas – origine et destin de la communauté. Paris, Presses Universitaires de France,2.ooo, p.86.

Desta forma, Esposito consegue distinguir ética de moral, circundando a primeira dentro do que é próprio da liberdade, ao passo que a segunda se refere à única possibilidade de decisão entre o que é bem e mal. Para ele, a política se torna indispensável como recurso de definição dos limites de atuação de ambas, da liberdade e da lei moral. Isto porque "se os homens são unidos pela forma universal que os coloca em comum, eles estão irremediavelmente separados pelos interesses materiais, da mesma forma que sua sociabilidade é contrabalançada e contraditada por uma incurável insociabilidade".

É imperioso retomar o portal do inferno de Dante, porque é fecunda e ainda não respondida a questão que se formula sobre o momento atual. Afinal, a característica dessa nova época é a de um momento em que as referências são totalmente diversas e que, para se falar de acordos, necessariamente deva se falar de sua quebra e não de validade? Seria possível ainda resgatar alguma vitalidade no laço entre as individualidades?

Uma questão que se interpõe com premência refere-se aos parâmetros utilizados para analisar as normas vigentes na atual sociedade. É um questionamento que engendra uma série de reflexões e constatações. É importante assinalar que as normas são cada vez mais restritas e, quando existem, referem-se a grupos isolados. Ou ainda que as regras variam das mais às menos rígidas, dependendo do grupo. Como conseqüência deste estado de coisas, parece paradoxal a determinação de punições gerais, já que as leis são de aplicabilidade particular.

Um filósofo da atualidade parte do princípio de que o que se tem na atualidade é um "simulacro moral", porque, na realidade, já se perdeu em grande parte, se não totalmente, tudo o que se entendia e se vivenciava como sendo do universo moral. O filósofo escocês Alasdair MacIntyre[3] detecta como um problema a ser considerado o fato de que atualmente se utilizam termos sem correspondência com a complexidade do mundo atual, como justiça, virtude, piedade e

---

[3] MACINTYRE,Alasdair. Dopo la virtú.saggio di teoria morale.Milano, Feltrinelli, 1993.

dever, que possuíam propriedade no contexto histórico dentro da filosofia moral, quando foram produzidos

MacIntyre constata, como outros tantos teóricos da atualidade, a falência de um projeto normativo. Sugere a necessidade de uma releitura da filosofia moral, sem contudo deixar de destacar que muito do que se produziu como pensamento e proposta parte de equívocos. Dentre os equívocos, o filósofo escocês situa a utilização inadequada de palavras, como o termo "moral" que deriva etimologicamente de *moralis*, tendo sido Cícero o primeiro a utilizá-lo, ao traduzir seu correspondente grego *ethikos,* que significa "próprio do caráter". Isto quer dizer "o caráter de um homem não é outro que a sua disposição de comportar-se sistematicamente de um modo ao invés de outro, ou seja, de conduzir-se a partir de um particular gênero de vida".

Entretanto, talvez a contribuição mais criativa de MacIntyre seja a de ter esclarecido a natureza da moral vigente na atualidade. Para ele, falar de moral significa falar da principal característica definidora de uma sociedade. Por esta razão, o indivíduo contemporâneo, da mesma maneira que a sociedade atual e a moral vigente, é marcadamente o que ele nomeou de emotivista, porque todos os juízos feitos são pautados pela preferência. Ou seja, os juízos não são outra coisa que um sentimento, um gosto ou, ainda, uma preferência pessoal aplicados como uma situação universal; normas dedicadas ao uso, não ao seu significado. Como MacIntyre entende que toda a sociedade tenha se tornado emotivista, não é possível separar o conjunto de suas regras da sua forma de viver.

O emotivismo como doutrina e prática apresenta muita semelhança com o utilitarismo, especialmente em sua relação com o Outro, visto como meio e não como fim, objetivo primeiro de um relacionamento com o mundo. O utilitarismo foi uma das doutrinas mais importantes do século XIX na Inglaterra. Dentre seus principais pensadores, estão autores como Jeremy Bentham, James Mill e seu filho John Stuart Mill.

Em linhas gerais, o utilitarismo preocupa-se em distinguir, a partir de uma visão individual, o que traz alegria daquilo que porta sofrimento. E a questão preponderante é que os autores clássicos, como também os contemporâneos, não vêem diferença entre princípios de ética privada e ética política. É de se destacar ainda que a disposição de sustentar o utilitarismo como teoria ética não significava sustentá-lo como método de deliberação, que na prática quotidiana poderia adotar o padrão regido pela "moralidade do senso comum"[4].

Talvez o problema detectado por MacIntyre (mas também pelo filósofo pragmatista americano Richard Rorty) quanto ao uso de conceitos e sua aplicabilidade na atualidade possa indicar uma possível saída para este estado de coisas. Reinterpretar os conceitos de ética ou moral pode ajudar a entender quais seriam os parâmetros que normatizam a existência na atualidade. Com freqüência, a distinção que se faz atualmente entre ambas tem procurado conferir à ética um lugar mais flexível que o da moral, responsável direta pela regulação dos costumes e hábitos.

Entretanto, o que se coloca como questão é se ainda é possível falar da presença de consenso na relação de uns com os outros. Escolher entre os nomes de moral ou de ética para essa problemática talvez possa, numa primeira instância do panorama atual – quando se ressente da falta de ambas –, não se tornar algo tão preponderante. Isto porque o horizonte composto por regras e normas com feições tão particulares e restritivas conjuga-se ao aspecto também segregacionista que vigora na ocupação do espaço público.

A convivência entre forças e ordens diversas mapeia um conjunto cada dia mais longe de tornar-se harmônico. Mosaicos de identidades diversas, que não se encaixam, produzem um contexto em que a ocupação e convivência de determinados locais no espaço urbano se fazem acompanhar por um restritivo código de normatizações que os freqüentadores e ocupantes devem observar. A violação desse conjunto de valores é sempre punida como uma infração.

Ora, o que se observa na prática é que, na impossibilidade de regras gerais, as particulares assumem uma coesão por vezes

[4] PONTARA,Giuliano. Breviario per um'etica quotidiana.Milano, Patriche Editrice, 1998.

massacrante, dada a sua rigidez. É importante frisar que normalmente esta diferenciação, cristalizada em meio ao quadro de maleabilidade legal generalizado, tem assumido vulgarmente designações identificadas com a postura comunitária. Entende-se aqui comunitário como tudo o que se define a partir de uma identidade fechada e coesa.

Na verdade, é preciso recordar que a imposição de regras e normas faz-se em seguida à instituição da comunidade. Ou seja, a vida comunitária, movida basicamente por consenso, existe anteriormente à formulação de seu conjunto legal. O consenso como definidor comum da quotidianidade provoca o surgimento de códigos legais capazes de garantir a coexistência dos múltiplos enfoques possíveis para se entender e experimentar a vida. Talvez se pudesse supor que o surgimento de normatizações e prevenções para a transgressão se torne um requisito cada vez mais necessário na medida em que se esboroa a vigência do consenso.

Tornando mais claro, na medida em que se fazem cada vez menos consensuais as certezas sobre as ordens que regem o mundo e o convívio entre as pessoas, mais necessário se faz a instauração de dispositivos reguladores da existência coletiva. Por outro lado, na medida em que se tornem cada vez mais improváveis os instantes e a partilha da existência coletiva – promovidos pela destruição ou desinvestimento dos bens do espaço público –, tornam-se freqüentemente visíveis na cena pública os códigos e regras privados e grupais, não mais calcados no consenso geral, e sim em interpretações de parcialidades.

Esse fenômeno, no espaço público desinvestido do sentimento coletivo, produz estranhos curtos-circuitos. Quanto mais próxima for a memória histórica da possibilidade da convivialidade identitária, mais chocantes serão as expressões restritas ao particular. Por outro lado, quanto mais generalizado o sentimento de desalento e mais destroçados os liames sociais, menos impacto produzirá o surgimento, no cenário midiático – agora em substituição ao espaço público –, de posturas grupais.

O espaço público, compreendido como o lugar de convívio da alteridade, marcado pelo entrechoque de forças e ordens diversas – portanto, espaço a ser ocupado pelos acordos e conflitos –, fez-se historicamente necessário à consolidação da ordem liberal burguesa.

Ao esboroamento do conjunto de procedimentos que permitia a sua organicidade, segue-se o esvaziamento da cena pública.

No Brasil, é importante destacar o papel da exclusão urbanística como relevante neste processo de produções de valores setoriais. Esta exclusão, representada pela imensa e crescente ocupação ilegal do solo urbano, é ignorada na representação da "cidade oficial". Este tipo de ocupação não cabe nas categorias do planejamento moderno/ funcionalista, pois mostra semelhanças com formas pré-modernas. Isto porque é possível reconhecer nas favelas, como argumentam alguns urbanistas brasileiros, semelhanças formais com os burgos medievais. Essa ocupação também está fora das benesses do mercado imobiliário e do mesmo jeito encontra dificuldade em caber, de forma rigorosa, nos procedimentos de levantamento de dados, como os do IBGE.

A segregação territorial e todos os danos que a acompanham – falta de saneamento ambiental, riscos de enchentes e de desabamentos – constituem também um estado de ilegalidade, que é funcional para as relações políticas arcaicas, para um mercado imobiliário restrito e especulativo, e para a aplicação arbitrária da lei, de acordo com a relação de favor.[5]

É de se destacar ainda, nessa conjunção entre espacialidade e ética, que, de uma maneira geral, os projetos urbanísticos adotados no Brasil, nas grandes cidades especialmente, sempre tiveram a marca da importação de modelos que pensam a cidade como lugar de gestão e de eficácia. Encontram-se exiladas dos setores decisórios perspectivos que pretendam compreender as cidades como território, como lugar de circulação de identidades e lugar básico de exercício da democracia local.

Assim, a socialidade escapa cada vez mais do convívio quotidiano nas cidades.[6] Em contrapartida, registra-se um superinvestimento

[5] MARICATO, Ermínia.As idéis fora do lugar e o lugar fora das idéias – Planejamento urbano no Brasil. In: ———.A cidade do pensamento único – desmanchando consensos. Ed. Vozes. 2000.

[6] BARBERO, Jesus Matin. Comunicação e cidade:entre meios e medos. IN: Novos Olhares, ECA/USP, 1998, n.1, p.5.

no espaço privado, cada vez mais emoldurado com muralhas e artifícios de vigilância ultramodernos. Não há mais registro de nenhuma ordem que se configure como propiciadora da vivência pública. Ao contrário, os poderes legislativos, judiciários e executivos tornam-se cada vez mais fechados no atendimento a grupos e pressões específicas. Definha dia após dia a possibilidade de compartilhamento vigoroso da diferença. Um compartilhamento não pressuporia a mera existência de um conjunto de leis, normas e dispositivos técnicos capazes de aplacar as diferenças, propiciando um arremedo de paz – uma paz narcótica e padronizadora.

Neste contexto, com a responsabilidade de propiciar um sentimento de espaço público por onde circulem as falas e as contradições, ergue-se o jornalismo atual. Transformado em mais um expoente de espetacularização da produção midiática, o jornalismo, na verdade, não se tornou nada diferente do que já era previsível. Está engessado cada vez mais no modelo do líder de opinião (gatekeeper) previsto por Paul Lazarsfeld, filtrando, avaliando, processando e difundindo as informações para os habitantes das ***insulae*** (moradia de cinco andares em média da Roma antiga, onde se espremiam os romanos e suas famílias).

Não há nada no horizonte para além dos fatos assim construídos. O espaço público ordenado e em seguida destroçado deu lugar ao seu simulacro – como previa nos anos 80 Jean Baudrillard – visualizado com clareza nas produções midiáticas. A mídia substitui o espaço público, ou, por outra, realiza o espaço público atual, impossibilitado de ser vivenciado. Para se constituir em espaço público vicário, a mídia precisa orquestrar um monumental esquema de construção do real. E aí se faz necessária uma reflexão, uma vez que há uma grande diferença entre construir e inventar.

Partindo da velha afirmativa de Lima Barreto de que "no Brasil não existe povo, existe público", torna-se prioritária a discussão deste espaço midiático, propiciador de nossos valores e normas. Torna-se de fato cada dia mais premente esta diferenciação, considerando-se a riqueza do real, pleno de acontecimentos, de uma maneira geral, excluídos do noticiário.

O jornalismo impõe-se como instrumento maior na eleição de fatos a serem trabalhados velozmente – já que, transcorrido o prazo máximo de cinco a sete dias, estes são substituídos por outros, numa ordem interminável de fatos aparente e perversamente fundamentais para o funcionamento da *urbe,* quando na verdade o são apenas para alguns poucos segmentos.

Tomem-se como exemplos as matérias jornalísticas do mês de agosto de 2.001 sob o título ou subtítulo de "feira livre das drogas". Trata-se de um caso bastante recente de demonstração dessa distorção no entendimento do que deveria ser a função do jornalismo, como instância da partilha real de consensos e valores. No caso específico, o que se viu mais uma vez foi a repetição de sua lógica da velocidade: ser acima de tudo célere e nada mais. Isto porque os fatos nunca são contextualizados e estão sujeitos apenas à mera lógica demonstrativa, como a de um vendedor ambulante em seu ofício quotidiano, que opta pela demonstração como única forma de apresentação.

As matérias limitavam-se a mostrar esses lugares, nunca contemplados pelo urbanismo público, onde as formas de existência estão definidas por uma forma de ocupação territorial com ausência de saneamento e opções de lazer, além da pilhagem para utilização dos serviços, como nos casos da energia elétrica e da tevê a cabo.

O que salta aos olhos é a dificuldade grande do jornalismo de avançar para além da compreensão iluminista de que o progresso é fundamental, ainda que à custa de acordos que façam definhar lentamente toda uma população. São exemplos as frívolas matérias, todas informativas, sobre as exigências, cada vez mais humilhantes, feitas por instituições financeiras internacionais, como o FMI, produtoras de paulatino desconhecimento das populações e culturas locais.

Seria preciso que os jornais se lessem criticamente e fossem capazes de interpretar e não apenas de reproduzir as falas das fontes informativas, tentando ultrapassar a sua abordagem tradicional dos fatos. Faz-se necessário entender que, apesar da violência do tráfico de drogas, este é norteado por um conjunto de normas muitíssimo mais preciso e definitivo que a maleabilidade dos códigos oficiais em vigor. Trata-se de um conjunto de procedimentos normativos que toca de perto, e fortemente, o dia-a-dia das populações segregadas no espaço físico destinado ao comércio, muito mais do que os lugares onde se dá o consumo.

Seria fundamental ainda que, superando a condição de mera fonte de informação, o jornalismo – investido do papel de articulador e propiciador de novas vivências sociais – fosse capaz de entender e demonstrar aos jovens que, apesar de serem considerados como magicamente orgiásticos os pontos de venda de drogas, estes nada mais fazem do que repetir a lógica do consumo, reproduzindo a circulação de bens num circuito também bastante restritivo. Há pouco tempo, numa entrevista, o coordenador executivo do grupo Afro Reggae, do Rio de Janeiro, José Júnior, confirmava esta lógica, ao dizer: "Sabe por que os jovens entram para o tráfico? Não é só pela grana. O lugar mais legal numa favela à noite é a boca-de-fumo. O som é maneiro, a galera é bem vestida..."[7]

É entristecedor constatar que o jornalismo atual não repara no que produz. Como é possível deixar escapar um depoimento desses sem realizar uma pauta que realmente tenha a preocupação de mostrar humanamente estes lugares: mostrar as pessoas que estão ali, e não apenas reproduzindo a "batida" policial. O jornalismo deveria estar para além, muito além, de ser espaço de reprodução de valores segregacionistas.

A grande e inexorável verdade é que o esforço da padronização é a cada dia maior e tem consolidado um tipo de ágora, com um conjunto de normas específicas para cada segmento populacional, num território multifacetado, onde estas múltiplas ordens não fazem qualquer sentido no geral e funcionam como meros curto-circuitos num contexto em que definha a olhos vistos o ideal dos valores universais.

E uma vez que se distancia cada vez mais a possibilidade da reunião e experimentação das diversidades, instaura-se fortemente em seu lugar a ***agorafobia***, detectável pelo pânico do contato, a priorização dos esquemas de segurança privada e pessoal. As cidades atuais conse-

[7] Megazine – O Globo, 13.07,2.000, p.13.

guiram finalmente exilar todas as diferenças, trancafiar todos os alienados, produzindo sobre eles um eficiente discurso, sem contudo ter conseguido desaparecer eficazmente com todos eles. Talvez porque sejam muitos e a cada dia em número maior....

Na busca de possíveis pontos de fuga pode-se resgatar uma proposta feita por Richard Rorty[8] ao considerar que os sentimentos de solidariedade e compaixão talvez não sejam naturais aos seres humanos. Rorty argumenta que, por ser um comportamento fundamental para garantir o destino da civilização, esses sentimentos devem ser arduamente produzidos. Como construtores desse instrumento de sociabilidade, ele aponta os intelectuais, os poetas, escritores, e, por que não, os jornalistas, que deveriam produzir narrativas capazes de atrair o olhar atento e interessado para as culturas diversas.

Este artifício deveria ser também capaz de fazer com que, ao olhar outras formas de vida, uma pessoa pudesse ver ali não os vários pontos em que se fundam as diferenças, mas, sim, as marcas discursivas que apontam para as semelhanças. Esta, para o filósofo pragmatista, seria a urdidura do Nós na sociedade atual.

O contrário disso faz parecer que hoje se está frente a um estado que alguns já caracterizam como um "pós-tudo". Um instante em que não resta mais nada a fazer, em que apenas se é permitido ler, tal qual Dante acompanhado por Virgílio, as inscrições do Portal do Inferno, certos de que, se não é o final do caminho, certamente é um outro caminho.

Por outro lado, quem sabe, na última hora, possamos encontrar uma saída e nos tornemos capazes, efetivamente, de não apenas interpretar o momento presente, mas de transformá-lo e inventá-lo, empenhados na construção de novas subjetividades e cidadanias ativas da história.

---

[8] RORTY, Richard. Contingência, ironia e solidariedade. Lisboa, Editorial Presença, 1994.

IMPRENSA E PODER, IMPRESSÕES ÉTICAS

Geraldo Lúcio de Melo

Walter Cronkite, *anchorman* da rede CBS por mais de três décadas, dizia que "poder e mídia são inseparáveis, mas inconciliáveis". A afirmação, típica da cultura americana, do jornalista considerado, até os anos 70, a consciência da América, deve ser relativizada, se estiver certa a "Escola de Frankfurt", corrente de pensamento inaugurada por Horkheimer, Adorno, Marcuse e outros, na Alemanha, em meados da década de 40.

Para eles, a mídia é o centro da indústria cultural, a produzir bens padronizados para consumo da massa, como qualquer outro setor econômico. Em uma visada marxista, a ambigüidade apontada por Cronkite seria mera aparência dos interesses em jogo, que se assenta no predomínio econômico, do qual os governos seriam apenas instrumentos de dominação.

No entanto, também com base em Marx, podemos dialeticamente buscar saídas, não só na sempre pretendida correlação de forças democráticas, como desde já na assunção das vozes e imagens inconciliáveis com o *status quo*. Em outras palavras, na democratização efetiva dos meios de comunicação, considerando que a questão ética central é a convivência cidadã.

Os governos são a principal fonte de notícias e têm, assim, na mídia o parceiro primordial para se legitimarem socialmente, após/além das eleições. A associação é tão estreita que parece ter uma agenda conjunta, a agenda *setting*[1], não se diferenciando quem deu início ou nela inscreveu determinado tema ou assunto.

Há governantes mais, ou menos, resistentes à pauta comum. Há quem só se guie por ela, avalizada por pesquisas de opinião, a direcionarem as ações político-administrativas e balizarem o noticiário. São tempos de toda a glória ao marketing, uma forma esdrúxula de democracia indireta, pela qual lida-se com a realidade apenas pontualmente, na medida em que a avaliação dos líderes e grupos partidários é afetada. Políticas públicas, planos, programas e projetos sociais são impostos por pressão do povo televisado, não da sociedade organizada, como seria natural. Daí os atos, as cenas e os gestos teatrais que todo movimento popular já aprendeu para ser visto e ter alguma chance de ser atendido.

Estamos imersos na Era do Espetáculo, assim denominada por Guy Debord, ainda na década de 60. Fenômeno dissecado por Pierre Bourdieu em *Sobre a Televisão*. Para ele, o campo da mídia está a influenciar negativamente todos os outros campos sociais, nos quais o direito de entrada, isto é, a competência específica, que era julgada pelos pares, passa a ser atributo da *visibilidade* dos profissionais. Chegamos ao ponto de só valer o que deu no jornalão. Se não saiu na TV, não tem validade.

Desde as cavernas, os homens se comunicam para se congregar politicamente. A invenção da imprensa é um dos momentos maiores da história da humanidade pela liberdade de expressão e opinião que propicia, e o aumento de oportunidades iguais para todos que favorece. O problema é que, apesar de todo o aparato comunicativo moderno, maximizado pela Internet – teoricamente a grande propulsora democrática e de aproximação de mundos –, a civilização atingiu um paroxismo tal que a entropia do sistema pode estar à vista, como gritam a violência urbana e o terrorismo globalizado. Sintoma de uma profunda crise da pretensa organização por nós sonhada? Esta-

[1] A agenda *setting* é maior do que o jornalismo aqui referenciado.

remos indo de volta à barbárie? Contra esta situação, a mídia tem uma responsabilidade inarredável, porque o diálogo entre todos os setores sociais é imprescindível para que prevaleça o consenso democrático.

Há esperança. As recentes manifestações e mobilizações em prol da ética, potencializadas pela imprensa, responsáveis por impedimentos eleitorais, morais ou penais de dirigentes políticos ao redor do mundo, indicam a emergência de um contramovimento social fundamental para a reinvenção da aventura humana na Terra. Afinal, a conduta dos representantes eleitos democraticamente é condição para a harmonia social, sem a qual não há perspectivas de melhoria comunitária; não haverá como sustentar os frágeis liames que nos ligam em sociedade.

Neste sentido é preciso reavaliar o papel da mídia e do governo frente a ela, e suas interações com a sociedade, pela importância cívica e pedagógica que deve ter esta relação.

Em diversos momentos históricos, a imprensa esteve ligada a partidos políticos ou grupos de pressão variados. Modernamente, a comunicação estrutura-se como comércio e a mídia se, por um lado, nivela por baixo, por exemplo, a programação televisiva, sob alegada pressão da concorrência, por outro, tem na credibilidade um fator de venda importante para a manutenção e o aumento de tiragens ou audiência; o que a obriga à busca de independência editorial.

Nas grandes cidades, que têm estrutura industrial e comercial mais diversificada, com ampla gama de anunciantes, é possível se atingir um estágio de relativa imunidade a influências alheias ocasionais. Mas em regiões com menor densidade econômica, a regra é a promiscuidade financeira entre os poderes econômico e político e os meios de comunicação. Sem se falar do que é muito comum pelos confins do Brasil, e até em capitais: a propriedade dos meios por políticos – ex ou com mandato eleitoral[2].

---

[2] A *Folha de S. Paulo*, de 6 de agosto de 2001, informa que 24% das TVs do país são controladas por políticos – 59 das 250 concessões para geradoras.

A grande imprensa busca um equilíbrio entre a necessidade de sobrevivência comercial e o interesse público, objeto declarado dos jornais, rádios e tvs. Há tempos, as maiores organizações jornalísticas discriminam os departamentos de publicidade e de notícias. No entanto, a situação não é tão simples assim e nada é claro e tranqüilo, do Arroio ao Chuí, se refletirmos sobre o conceito de hegemonia de Antonio Gramsci, retomado e amplificado em outros termos pelos *frankfurtianos* .

Para o pensador comunista italiano, hegemonia é a capacidade de um grupo social assumir a direção intelectual e moral sobre a sociedade e de construir em torno de si um sistema de alianças sociais. A mídia é um dos aparelhos ideológicos de dominação por ele arrolados (os demais seriam a escola, a igreja, a empresa, etc.). Ainda que a instituição imprensa não seja um bloco monolítico – há gradações, variações, oposições e competição – não é apenas a neurose por sensações vendáveis, da qual o *furo* jornalístico é corolário e conseqüência, como diz Bourdieu, que a iguala nesta Era do Espetáculo. A uniformização seria resultado de sua sustentação por grupos sociais hegemônicos.

Um levantamento superficial que realizei na semana de 23 a 30 de novembro de 2000, nos quatro principais jornais do país – *O Estado de São Paulo, Folha de S. Paulo, O Globo* e *Jornal do Brasil* –, mostra que, realmente, a diversidade da pauta temática entre os veículos é irrisória. Vê-se logo nas primeiras páginas que as manchetes tratam praticamente dos mesmos assuntos. Abstraídos o tipo de abordagem e a qualidade do material, estes meios estariam, portanto, a refletir a agenda determinada pelo poder hegemônico.

A breve pesquisa apontou que 18,2% do noticiário tratavam do governo federal, 7,6% do governo estadual, 6,7% do governo municipal, 6,7% do Congresso e partidos, 0,9% da Assembléia Legislativa, 0,7% da Câmara Municipal, 5% do Judiciário e Ministério Público.

Há grande concentração de matérias sobre o Executivo federal, quase 20%, e ínfimos percentuais sobre as assembléias e câmaras municipais que, aliás, só aparecem em situações ridículas. E mais: embora possamos considerar que 29,7% tenham tratado de assuntos comunitários, compreendidas aí as grandes áreas da economia e da polícia, apenas 1,0% tratava dos direitos do cidadão/consumidor e 0,8% do Terceiro Setor (ONG's).

É verdade que estes jornais, de âmbito nacional, tendem a cobrir assuntos de maior interesse geral, como é o caso do governo federal. Ainda assim, é impressionante a pouca atenção à representação política local, aos movimentos sociais e à voz do cidadão. É uma amostragem primária que serve apenas como ilustração, necessitando de análise mais profunda[3]. Num país com instituições incipientes como o Brasil, onde predominam as relações parentais ou patrimoniais – e por isto mesmo, *gramscianamente*, a cobertura tenha tais características –, a situação é preocupante.[4]

Se confirmada esta tendência, como ampliar o espectro do noticiário e da opinião publicada, para se ter o registro consistente da opinião pública, com toda a sua complexidade democrática? Talvez seja esta a questão ética mais profunda a ser pensada.

Os princípios éticos são bastante claros, todos consignados na Constituição: transparência, honestidade, liberdade de pensamento e expressão. Não fica patente o direito à informação – de significado inverso ao simples direito de informação. Liberdade de opinião e sua discussão democrática dependem fundamentalmente de meios de comunicação abertos aos vários segmentos sociais.

Recentemente recrudesceu a polêmica sobre o controle social da mídia. A discussão é insuflada pela chamada síndrome de denuncismo da imprensa, acusada de utilizar abusivamente do recurso das gravações. Renovam-se apelos para a criação de conselhos editoriais com representantes da sociedade civil. A propósito, todas as constituições, federal e estaduais, estabelecem Conselhos de Comunicação Social, nunca assentados pelos governos.

---

[3] A pesquisa limitou-se ao primeiro caderno. A ausência do caderno de Cidades pode ter distorcido a participação das categorias das assembléias, câmaras e do cidadão/consumidor. Não foram contempladas também as editorias de Esportes e Internacional, os suplementos especializados, editoriais e colunas.

[4] Vide obra de Roberto DaMatta sobre a sociedade relacional brasileira e de Raimundo Faoro sobre *Os Donos do Poder*.

São medidas de aplicação necessária, mas complicada, porque os jornais impressos têm personalidade jurídica privada. São negócios particulares. Entretanto, as entidades de classe e os próprios veículos têm reassumido seus códigos deontológicos, sem perder de vista o inestimável serviço de "limpeza" pública que a imprensa vem realizando no Brasil. O medo da censura, tão recente na história do país, é um aspecto da realidade nacional importante nessas tratativas.

A televisão e o rádio, embora sejam concessões públicas, usam este fato para amplificar o poder de reação a propostas de supervisão externa. Em vista disto, misturando *alhos com bugalhos*, a brutal concentração de propriedade da mídia brasileira jamais foi examinada pelo Congresso Nacional. Em países mais desenvolvidos é proibida a acumulação de jornal, rádio e TV por um mesmo dono, numa mesma localidade.

Porém, paralelamente à grande estrutura de comunicação no país, proliferam as rádios comunitárias, o maior fenômeno do setor. Estimam-se em mais de cinco mil as emissoras de baixa potência em funcionamento. O Brasil assinou em 1994 o Pacto de São José da Costa Rica, tido como um dos mais importantes documentos sobre os Direitos Humanos e liberdade de expressão no continente. O documento assinala que os governos deveriam não somente liberar como garantir a existência e desenvolvimento da comunicação livre, dando segurança e assistência técnica a essas transmissões. A organização da sociedade civil é crescente e, de maneira alguma, irá abandonar essa possibilidade de comunicação e mobilização tão imensa e de fácil realização. A legislação da radiodifusão vigente serve principalmente para reforçar o monopólio privado, a distribuição de concessões como moeda política e a exclusão social, dentro do processo de globalização em curso. As rádios e TVs livres, em contraposição, tornam-se espaços de participação cidadã, onde se expressa a diversidade cultural, étnica, de gênero e de opiniões, materializando na prática a democratização da comunicação no Brasil. Os jornais comunitários são outra face do sistema e surgem como canais de expressão legítimos de comunidades excluídas do processo social.

Evidentemente, não basta ter opções de mídia – hoje qualquer entidade civil tem alguma forma de comunicação –, o importante é garantir a sua difusão/circulação/audiência. Além do voto, o direito à voz.

Quanto ao poder público, origem de maior parte do material publicado, há que se separarem as atividades de comunicação dos poderes Executivo, Legislativo e Judiciário. O tão criticado parlamento é o segmento do poder mais avançado no sentido de dotar suas atividades com a transparência necessária à evolução da democracia. As TVs Senado, Câmara e das assembléias estaduais têm sido responsáveis por momentos civilizadores exemplares quando transmitem as sessões de parlamentares acusados de irregularidades. E se tantos estão sendo cassados, deve-se ao olho mágico da TV.

O Judiciário é o mais misterioso dos poderes. Tanto processualmente quanto comunicativamente. Tem cinco minutos na Voz do Brasil e é só.

A comunicação do Executivo tem dois aspectos: o promocional e o de serviços. No período FHC, sem nenhum controle social, foram investidos em torno de R$ 800 milhões/ano em publicidade, incluindo a propaganda de produtos estatais, como os de bancos. A distribuição de recursos é técnica, guardando proporção com os índices de leitura ou audiência dos órgãos de imprensa, o que significa ser concentrada em determinados veículos e programas. Nos governos estaduais a situação se repete, com as exceções de praxe.

A divulgação de serviços públicos, inclusive da aplicação dos orçamentos, tem se ampliado com a utilização da Internet que, no entanto, ainda é para poucos. Em 1993, as verbas enviadas aos estados e municípios começaram a ser anunciadas por todo o sistema de comunicação do governo, especialmente pelas Rede Educativa e Radiobrás – inicialmente no Ministério da Educação, agora por quase todos os ministérios.

Em adição, há um acordo do Executivo federal com as associações das rádios e TVs para que cinco minutos diários gratuitos tenham a função de utilidade pública, geralmente usados nos horários da madrugada.

Estudo de Heloiza Matos sobre os 1400 filmetes para exibição gratuita do governo Sarney (janeiro de 1986) a FHC (julho de 1996) mostra que "as técnicas de marketing cada vez mais constituem o cerne da comunicação pública governamental". Segundo ela, no início da Nova República (85/89) houve a tentativa de elaboração de um projeto de comunicação pública participativa, experiência que não sobreviveu ao Plano Cruzado. Ela afirma que apenas no período de Itamar Franco (fins de 92/94) houve ênfase na recuperação dos valores tradicionais da cultura nacional. No atual governo, "a comunicação oficial passa a ser tratada como tema de marketing público, ou seja, um princípio de mensuração contínua do impacto das ações governamentais sobre o consumidor/cidadão, como modo de estabelecer metas, ações e projetos do governo;... associando a lógica de mercado com as razões institucionais da administração pública"[5].

É preciso, no entanto, reconhecer que a área estatal, que tem um sistema de comunicação expressivo, inicia timidamente ações para democratizar o acesso da comunidade. A Rede Pública de TV formada pelas emissoras educativas aponta nesta direção.

---

[5] Corrêa, Tupã Gomes; Freitas, Sidinéia Gomes(org.), *Comunicação, Marketing, cultura: sentidos da administração do trabalho e do consumo.* SP:ECA/USP; CLC, 1999.

TELEVISÃO PÚBLICA / TELEVISÃO DO PÚBLICO

José Rebelo

Não é novidade afirmar que a televisão constitui o meio, por excelência, de divertimento e de informação. Preenche espaços de lazer. Configura representações que emergem no espaço público. Condiciona a tomada de decisões no campo político. Provoca solidariedades e adesões. Mas, também, conflitos e rupturas.

Daí a apetência pelo respectivo controle que os Estados sempre revelaram. Ou melhor, a apetência que sempre revelaram as forças politicamente dominantes, no contexto de um Estado democrático. Em Portugal, por exemplo, a empresa pública de televisão, a RTP, conheceu, nos últimos 27 anos, 21 presidentes: autêntica miscelânea que traduz o ziguezaguear da política portuguesa desde a Revolução de Abril.

I

No advento da televisão na França, o jurista e universitário Fernand Terrou, citado por Jean-Michel Salaün[1], indicava sete razões que, na sua opinião, justificavam a preponderância do Estado na definição e na execução do serviço público:

1. Raridade das freqüências hertzianas.
2. Elevados custos de instalação e de exploração das estações.

[1] *A qui appartient la télévision*, Aubier, Paris, 1989.

3. Fortes razões históricas, nomeadamente, a recuperação do conceito de monopólio estabelecido para as transmissões postais e telegráficas.

4. Extraordinário "poder social", isto é, importância decisiva na formação da opinião pública.

5. Necessidade de garantir o princípio de "universalidade" do serviço público, isto é, impedir que o serviço de televisão esteja apenas disponível em regiões comercialmente relevantes.

6. Direito do Estado a dispor de um meio de comunicação susceptível de informar todos os cidadãos, nomeadamente, no que respeita às grandes orientações estratégicas de defesa nacional, relações externas, educação, etc.

7. Possibilidade de ultrapassar obstáculos levanta a pluralidade de emissões culturais, por exemplo.

O princípio do monopólio do Estado em matéria de produção televisiva surge, pois, como natural e incontestável, em particular no continente europeu, onde se confundem os conceitos de serviço público de televisão e de sistema público de televisão. Só um sistema público seria capaz de fazer serviço público, entendeu-se, então.

Financiado pela taxa (espécie de imposto que cada família proprietária de um aparelho receptor está obrigada a pagar), o modelo prosperou, de início, sem dificuldades maiores. A popularidade da nova mídia era grande. Por outro lado, vivia-se um período de relativa expansão econômica e a compra de aparelhos de televisão crescia exponencialmente.

Só que, a partir de dada altura, a curva de crescimento entrou em estagnação. As aquisições de receptores passam a corresponder, sobretudo, a eventuais renovações de material (calcula-se que, em média, o parque de receptores de TV se renova de dez em dez anos) e não à entrada de novos consumidores no mercado. Em contrapartida, as produções tornam-se cada vez mais onerosas e os tempos de emissão cada vez mais longos. Resultado: acentua-se a defasagem entre custos e receitas. Solução: o sistema público de televisão vê-se constrangido a recorrer à publicidade.

Solução perversa. Porque o apelo à publicidade equivalia, particularmente na Europa onde a oposição público/privado é mais sentida, a renunciar à concepção original de serviço público. Como aceitar, de fato, que um sistema público, responsável pela produção de um serviço público, fosse financiado e, por conseguinte, preservado graças à publicidade, símbolo do privado triunfante?

As condições de implosão estavam reunidas. Por toda a Europa, quase sem exceção, assistiu-se à multiplicação de estações privadas de televisão e à emergência de um sistema concorrencial público/privado. Em outras palavras: assistiu-se à instituição de uma espécie de Yalta do audiovisual que, se nuns casos, traduz a impotência dos Estados para responder adequadamente à onda avassaladora da iniciativa privada, exprime, noutros, estratégias de acompanhamento ou, mesmo, de antecipação.

A Itália constitui exemplo flagrante de impotência do Estado.

Formada em 1944 sobre os escombros da EIAR, estrutura tipicamente fascista, a RAI (rede de televisão pública italiana) impôs-se durante uma vintena de anos, durante os quais funcionou como o elemento determinante para a difusão dos ideais democrata-cristãos, então onipresentes. Era sua missão contribuir para o aprofundamento daquilo a que Amintore Fanfani chamou «democracia guiada», pelo que muitos dos seus quadros e dos seus responsáveis transitaram diretamente de jornais democrata-cristãos como o *Il Popolo*. Mais tarde, o progressivo enfraquecimento do Partido democrata-cristão, forçado a negociar à sua esquerda para se manter no poder, implicaria a abertura de brechas no edifício monolítico da televisão. É assim que, em 1975, se inicia um novo período na história da televisão italiana, objeto de partilha pelos principais partidos políticos: a RAI 1 continua na posse da democracia cristã, enquanto a RAI 2 passa a ser controlada pelos socialistas e a RAI 3 pelos comunistas.

A reação das pequenas formações políticas, excluídas da distribuição do bolo televisivo, e o fim do compromisso histórico entre democrata-cristãos e comunistas vieram abalar este equilíbrio a três, tão laboriosamente forjado. Apoiados por publicações de extrema-esquerda, como *Il Manifesto*, sindicatos e muitos grupos que a si próprios se intitulavam de alternativos lançaram-se à tarefa de abrir canais de televisão. Por esta razão e por outras, inclusivamente comerciais, cerca de quinhentas novas estações despontaram no panorama televisivo italiano, completamente ao arrepio das disposições legais então em vigor.

Chamado ao poder, como força alternativa, num quadro político delimitado pelo divórcio entre democrata-cristãos e comunistas, o partido socialista italiano manifestar-se-ia incapaz de resistir às pressões do grupo liderado por Sílvio Berlusconi: em 1985, sob a égide do governo minoritário de Bettino Craxi, três redes privadas de cobertura nacional iniciaram as suas atividades.

Cinco anos depois, a denominada lei Mammi consagrava a existência de uma pretensa instância reguladora, o *Garante dell'editora*. Tão inútil quanto inúteis tinham sido as legislações anteriores, sistematicamente ultrapassadas pelos mais diversos e contraditórios interesses.

Diferente foi a reação do poder político na Grã-Bretanha onde, desde o início dos anos cinqüenta, se instituiu um modelo caracterizado por uma harmoniosa combinação entre a iniciativa pública e a iniciativa privada. Ao lado de um aparelho público constituído por dois canais financiados unicamente pela taxa, passou a funcionar, no espaço hertziano britânico, um sistema comercial estreitamente controlado por uma «Alta Autoridade», a IBA (Independant Broadcasting Association), compreendendo uma federação de canais privados regionais e uma quarta estação dirigida a pequenos públicos. O sistema integrado de televisão de serviço público assim consubstanciado mostrou que a coincidência entre sistema público e prestação de serviço público não era obrigatória.

Impotência na Itália e acompanhamento na Grã-Bretanha. A terceira situação evocada, aquela em que o Estado se antecipa, desinvestindo e incentivando o capital privado a substituí-lo, é ilustrável com o exemplo da França. Aqui, o poder político, sentindo os ventos que sopravam a favor da televisão privada, cria o ambiente em que se iria processar a mudança e impele os grupos financeiros, com os quais desenvolve relações de proximidade, a agarrar a oportunidade.

Em 1984, a concessão do Canal Plus é atribuída a Andre Rousselet, um colaborador direto do Presidente da República, François Mitterrand. Poucos meses antes das legislativas de 1986 que dariam a vitória à direita, são ainda personalidades particularmente apreciadas no Eliseu a se beneficiarem, sem qualquer concurso público, das concessões que dão origem à M6 e à La Cinq.

Apressadamente. Que o tempo urgia.

Forma-se, entretanto, o governo conservador de Jacques Chirac e, apesar dos protestos de toda a esquerda, é privatizada a TF1, cujos índices de audiência ultrapassavam os 50%. Desta vez, o beneficiário chama-se Francis Bouygues, de tendência reconhecidamente direitista. Paralelamente, e na seqüência de graves crises financeiras que afetam a M6 e a La Cinq, procede-se a novos licenciamentos. Para a M6 entram a Compagnie Lyonnaise des Eaux, na altura dirigida por um antigo secretário-geral do RPR (partido de Jacques Chirac), e a poderosa Compagnie Luxembourgeoise de Telediffusion (CLT), sem dúvida um dos grupos multimídia mais ligados à alta finança e aos círculos conservadores do norte da Europa. Para a La Cinq entra Robert Hersant, proprietário de numerosos jornais, todos eles conotados com a direita, dentre os quais *Le Figaro* e *France Soir*.

Seja qual for a trajetória seguida, seja ela marcada pela impotência, pelo acompanhamento ou pela antecipação, à fase do Estado operador que rege o setor televisivo em situação de monopólio, segue-se uma segunda fase, a do Estado simultaneamente operador e regulamentador. Estado que investe diretamente, financiando uma televisão pública. Mas Estado que, ao mesmo tempo, delega parte das suas responsabilidades no setor privado, através da concessão, a este, da possibilidade de prestação de serviço público. Estado que regulamenta e administra, criando e aplicando legislação apropriada. Estado que negocia nas instâncias internacionais.

Fase transitória?

Questão pertinente já que a situação de concorrência entre setor público e privado está longe de se estabilizar. Verificam-se, pelo contrário, enormes pressões no sentido de reduzir ao mínimo, quando não de anular, as funções operadora e reguladora do Estado, convertendo-o numa espécie de "guarda noturno" do sistema de televisão.

Mais do que uma alteração do estatuto da televisão, essas pressões revelam uma alteração do conceito e das funções do Estado. De fato, a decadência do sistema público de televisão é sinal da decadência do Estado-Nação.

II

O Estado-Nação assenta num triplo pressuposto:

1. O pressuposto da responsabilidade coletiva segundo a qual o indivíduo não é apenas cidadão e pessoa privada mas sim cidadão e sujeito social (assalariado, desempregado, estudante, consumidor) e, como tal, portador de direitos assegurados pela coletividade organizada em Estado.

2. O pressuposto de um Estado entendido não como uma simples manifestação de soberania, mas como a expressão da cooperação de serviços públicos, organizados e controlados pelos governantes.

3. O pressuposto do "terceiro simbolizante" de que fala Louis Quéré[2], para quem toda a coletividade necessita de um espaço autônomo, um espaço exterior, onde construa a sua imagem. Alargando o conceito habermasiano de espaço público – o lugar do discurso racional – diríamos então, com Louis Quéré, que o espaço público moderno é o lugar de representação simbólica da sociedade, representação que permite ao indivíduo pensar-se como parte integrante dessa mesma sociedade.

A separação entre os domínios funcionais da política e da economia, característica do moderno *Estado de direito*, acarreta duas conseqüências. Por um lado, o Estado, detentor do monopólio do

---

[2] *Des miroirs équivoques, aux origines de la communication moderne*, Aubier, Paris, 1982.

emprego legítimo da força, reserva para si as principais competências de regulação em matéria de administração pública. Por outro lado, a força pública, dotada de funções específicas, depende, enquanto *Estado fiscal*, dos recursos obtidos a partir das trocas econômicas livremente operadas na esfera privada.

Mas para que o poder do Estado, na sua dupla vertente de *Estado de direito* e de *Estado fiscal*, possa efetivamente exercer-se, é necessário que, à delimitação *social* da comunidade política, se acrescente uma delimitação *territorial*. Dentro das fronteiras do *Estado territorial* constitui-se, deste modo:

1. Um povo político, enquanto sujeito potencial de uma autolegislação emanada dos cidadãos democraticamente reunidos.
2. Uma sociedade, enquanto objeto potencial da ação do próprio Estado.

Um povo político...

O conceito surge como resultado da integração cultural e da conseqüente mobilização política de «sujeitos», isto é, da integração de uma população inicialmente heteróclita que, ultrapassando a ligação à aldeia, à família, à região, à dinastia, desenvolve uma nova forma de identidade coletiva. A construção simbólica de um "povo" que se quer dotado de uma origem, de uma língua e de uma história comuns surge, pois, como condição indispensável à gênese do Estado-Nação.

A globalização, suportada ideologicamente por um discurso ultraliberalizante e desterritorializante, vem, justamente, pôr em causa esse conceito de Estado-Nação.

À idéia de território contrapõe a idéia de espaço-mundo como lugar sem fronteiras, onde se desenvolvem os mecanismos de produção e de consumo, ou seja, teoricamente, tudo deve poder ser produzido e tudo deve poder ser consumido em qualquer parte do mundo.

À idéia de povo político, dotado de uma unidade, de uma identidade próprias, contrapõe a idéia de público disperso, uniformizado, estandardizado, dessingularizado pelos meios de comunicação de massas que incutem as mesmas práticas culturais e sociais, os mesmos gostos, os mesmos projetos. Gradualmente, vai-se instituindo uma "cultura global", como assinala Ignacio Ramonet[3], que visa converter o capitalismo naquilo que Alain Minc designa por "estado natural da sociedade"[4]. Para Habermas, cujas investigações mais recentes têm exatamente por objeto a crise do Estado-Nação, os "relógios da civilização ocidental sincronizam as cadências mais heterogêneas, submetidas, pela força, à regra da simultaneidade"[5].

Enfim, à idéia de Estado social de direito, encarregado de resolver a contradição entre igualdade jurídica e desigualdade real, providenciando, portanto, no sentido da proteção dos mais débeis, a globalização contrapõe a idéia de equilíbrio, fruto da desregulamentação social, ou melhor, da auto-regulamentação da sociedade civil, assim libertada de tutelas.

A diminuição da intervenção do Estado acaba, aliás, por ser a conseqüência óbvia e imediata não só do desinvestimento público, de que as privatizações são reflexo, como ainda da incapacidade do Estado fiscal de reunir os fundos necessários à administração. Com efeito, a mobilidade crescente dos capitais, em busca de lugares de produção menos onerosos e de mercados mais compensadores, torna cada vez mais difícil o controle dos benefícios e das fortunas.

Só que, reverso da medalha, ao desfazer-se o compromisso constitutivo do Estado-Nação, corre-se o risco de se assistir ao ressurgimento de crises sociais que esse mesmo Estado-Nação tinha sabido conter. Todos os indicadores assinalam um aumento da pobreza e da precariedade social. Um autêntico fosso separa os que dispõem de um emprego dos subempregados e dos desempregados. E quando diversos tipos de exclusão se acumulam – exclusão do mercado de trabalho, da formação profissional, das prestações sociais, da habitação e da assistência familiar – surgem novas "classes inferiores", os chamados "novos pobres", totalmente desinseridos e

[3] *Geopolítica do Caos*, Editora Vozes, Petrópolis, 1998.

[4] *O Triunfo da Mundialização*, Instituto Piaget, Lisboa, 1999.

[5] *Après l'État-nation, une nouvelle constellation politique*, Fayard, Paris, 2000.

totalmente incapazes de mudar de situação pelos seus próprios meios. Pauperização contínua que ameaça os fundamentos da nova ordem global e liberal. Os exemplos multiplicam-se: processos de autoafirmação de certos grupos sociais em declínio têm conduzido, em diversos países europeus como a França, a Itália, a Suíça ou a Áustria, a populismos de direita que contestam os mecanismos democráticos por via dos quais eles próprios se instituíram.

No contexto da globalização, a televisão privada vai conhecendo sucessivas fases de evolução. Numa primeira fase, constitui-se como núcleo central de grupos multimídia de dimensão essencialmente nacional. A procura do lucro relega, então, para segundo plano, princípios como o da universalidade da difusão, privilegiando zonas urbanas de maiores índices de consumo, e explica a tendência para a otimização do binômio audiência/custo do programa, subalternizando critérios de qualidade.

Numa segunda fase, registra-se a associação entre grupos multimídia e grandes empresas de telecomunicações, isto é, a associação entre conteúdos midiáticos e novas tecnologias. Conteúdos e tecnologias assim reciprocamente rentabilizados.

O processo evolutivo culmina com a completa internacionalização dos capitais investidos e com a total diluição dos grupos multimídia, cada vez mais alargados, numa complexa rede de sociedades combinatórias, transnacional e transetorial. Ao lado, ou melhor, em relação de simbiose com os grupos multimídia, surgem sociedades prosseguindo os mais variados interesses: do turismo à especulação imobiliária, da comercialização de produtos alimentares à especulação financeira.

Nesta malha aparentemente desmaterializada, sem hierarquia claramente definida nem espaço perfeitamente delimitado, cabe às mídias uma dupla e simultânea função:

1. Criação e conseqüente homogeneização de necessidades e, logo, de consumos, de modo a permitir o escoamento de novos produtos gerados por complexos maquínicos em laboração permanente.

2. Instituição de mecanismos apaziguadores de tensões, assumindo-se, em especial no que respeita a populações marginalizadas, como "instrumentos geradores de virtual", como "fábricas de sonhos"[6].

III

A crise do Estado-Nação é a crise de um modelo de Estado. Não é a falência do Estado. Da mesma forma, a crise do sistema público de televisão é a crise de um modelo de televisão pública. Não é a falência da televisão pública.

Os interesses do Estado, e seria estultícia proclamar, desde já, o seu fim, obrigam à existência de uma televisão pública pela qual o Estado faça ouvir a sua voz e difunda os princípios constitucionais pelos quais se rege. No entanto, a concorrência cega e a igual obsessão pelo audímetro têm provocado efeitos de mimetismo entre cadeias de televisão pública e cadeias de televisão privadas. Ao ponto de não se distinguirem os conteúdos de umas e de outras.

Trata-se de uma amálgama que importa desfazer:

1. Através de uma redefinição de competências do Estado nacional.

2. Através de uma crescente intervenção das novas constelações políticas, as "constelações pós-nacionais" de que fala Habermas[7], também elas sedentas de se afirmar no espaço público.

3. Através do uso apropriado das novas tecnologias de comunicação que, no domínio de televisão, e seguindo as palavras de Jean-Pierre Teyssier, do Instituto Francês do Audiovisual (INA), "recolocarão, no início deste terceiro milênio, os contadores a zero".

---

[6] José Rebelo, *O Discurso do Jornal*, Notícias Editorial, Lisboa, 2000.

[7] *Après l'État-nation*, op. cit.

Tendo em conta as exigências de uma economia mundializada – a que o Estado-Nação não está em condições de responder –, a alternativa consiste em transferir parte das funções até aqui exercidas pelo Estado social, no quadro exclusivamente nacional, para instâncias supranacionais. Tanto mais quanto é certo que, independentemente das novas exigências econômicas, aumentam os problemas de resolução impossível nos limites estreitos do Estado: acidentes ecológicos, criminalidade, tráfego de armas e de droga, etc. Mais de 350 organizações intergovernamentais, das quais cerca de metade fundada nos últimos quarenta anos, exercem atualmente funções econômicas e sociais, assim como funções de manutenção ou de restabelecimento da paz.

Mas não há global sem local. Daí, a multiplicidade de respostas inovadoras suscitadas, nos contextos locais, pelos estímulos mundialistas. A pressão uniformizante duma cultura mundial provoca, freqüentemente, a irrupção de iniciativas que contribuem, não para o nivelamento abstratizante, mas para a diversificação de formas híbridas caracterizadas por novos projetos e novos estilos de vida. Caracterizadas por uma "solidariedade cosmopolita" que Habermas opõe à clássica "solidariedade de cidadania"[8].

As organizações não-governamentais que, aos milhares, se estruturam pelo mundo inteiro com os fins mais variados – étnicos, regionalistas, ecologistas, feministas, juvenis – exprimem, bem, essas novas formas de ser e de estar.

A gestão das relações de cooperação entre os governos, por um lado, e a panóplia de organizações onde germina um novo tipo de integração social fundada na "solidariedade cosmopolita", por outro, é sem dúvida delicada. Ela constitui, no entanto, um dos maiores desafios que se colocam no mundo de hoje. Bem gerida, essa cooperação dará corpo a uma autêntica televisão do público.

Uma televisão que, mais do que mero produto do aparelho público de televisão, submetido aos egoísmos nacionais e às vontades

---

[8] *Idem*

específicas dos habituais sujeitos do poder político, seja pretexto para a inteligente ocupação de tempos livres. Seja incentivo à inovação. Seja lugar de confluência de discursos de interesse público, provenham eles dos governos, das organizações intergovernamentais ou das não-governamentais.

Uma televisão que, graças às novas tecnologias do digital, poderá compreender canais generalistas[9] e canais temáticos em número consideravelmente elevado. Que não será mais esse *continuum*, esse fluxo em sentido único relativamente ao qual o público só pode reagir de três maneiras: aceitar passivamente, fazer *zapping* ou desligar. Que estará, pelo contrário, em permanente conexão com bibliotecas e bancos de informação[10]. Pronta, portanto, a responder em qualquer momento a qualquer solicitação do telespectador.

Uma televisão que, sendo do público, será financiada pelo público, via taxa ou via orçamento do Estado, segundo os casos.

Bourdieu ensina-nos a distinguir entre opinião pública e representação da opinião pública validada pelas mídias. Daniel Dayan, por seu lado, aconselha-nos a bem separar os conceitos de público e de audiência.

Defender que um determinado tipo de programas não tem público porque os seus índices de audiência são baixos, pode ser um erro. Em primeiro lugar porque os índices de audiência são calculados em relação a *corpus* que, freqüentemente, não representam a população total mas o(s) segmento(s) da população que mais interessa(m) às principais empresas anunciantes. Em segundo lugar porque a audiência é uma abstração estatística: "sei onde moram, sei onde trabalham, sei que idade têm, mas não sei quem eles são", con-

---

[9] A controvérsia em Portugal sobre a manutenção de dois canais públicos generalistas é de natureza conjuntural e exprime oposições/tensões exteriores à televisão que enraizam no campo do político.

[10] Os profissionais descrevem essa mudança como a passagem de uma "televisão de fluxo", em que os programas desaparecem uma vez vistos, a uma "televisão de stock", em que os programas continuam disponíveis.

cluía ironicamente Daniel Dayan, comparando audiência e público, no decurso de um Congresso realizado em Lisboa. Em terceiro lugar porque audiência significa quem olha. Não significa quem vê.

Sem a preocupação das audiências, sem a necessidade de responder ao audímetro, a televisão do público tem, no entanto, que ser considerada indispensável por esse mesmo público. Como indispensáveis são as estradas, as escolas, os hospitais.

A televisão pública só é televisão do público quando consegue mobilizar o público a que, em princípio, se destina.

BIG BROTHER TE ESTÁ MIRANDO: la irresistible atracción de un *reality show* global

Fernando Andacht

1. Cuerpos conmovidos: una nueva ética en la era de la escopofilia irrestricta

A fines de marzo de este año 2001, cerca de media noche, recibí una sorpresiva llamada, no sólo por la hora bastante avanzada, sino por el tono urgente de la voz del otro lado del teléfono, y por su insólito contenido. Un conocido, a quien no veía hace mucho tiempo, me hablaba con desesperación sobre 'eso que está todo el día, de mañana, de noche, el fin de semana, cada vez que prendés la televisión! ¡Es una atrocidad!" Junto a la queja vehemente, me llegó el primer pedido de auxilio comunicológico de mi vida profesional; este conocido me había llamado para ver si yo podía hacer algo... La visión de fundar un *S.O.S SEMIÓTICO* y telefónico era atractiva. Quedé conmovido ante esta situación inédita, ya que el motivo de esa llamada tan singular era la expresión de un hartazgo furioso causado por el poderoso desembarco televisivo del *reality show* globalizado, de origen holandés, *Big Brother*, producido en Argentina y transmitido en simultáneo a Uruguay con el nombre de Gran Hermano (*GH* de aquí en adelante). En esa ocasión, debo confesarlo, también me sentí consternado, ya que en el preciso instante de la comunicación telefónica, me encontraba mirando precisamente ese programa, en su última edición nocturna. Tres resúmenes de media hora, uno de mañana y dos de noche, se emitían por uno de los tres canales abiertos de lunes a viernes, y también había una edición especial de dos horas, los sábados por la noche, a la que luego se agregaron otras dos.[1] En mi 'descargo,' podría decir que compartía esta mirada junto a muchísima otra gente, tanta que en el momento del cierre, en el mes de junio de 2001, el programa alcanzó un rating sin precedentes: ese sábado, 88% de todos los televisores encendidos en Uruguay y una proporción similar en Argentina sintonizaban el final del Gran Hermano.

Cuento esta experiencia inusual, porque creo que la llegada de esta nueva producción televisiva significó una revolución no sólo mediática, sino de nuestro comportamiento en la situación social misma, en la interacción nuestra de cada día. No dudo en afirmar que hay un antes y un después en relación a la emisión de GH, este subgénero del espectáculo de la realidad o la realidad como espectáculo, dos traducciones posibles del término '*reality show*,'el género madre al que pertenece este invento holandés que ya conoce un alto número de adaptaciones locales, o quizás sea mejor decir con Robertson (1994) de la glocalización de GH, es decir, una traducción especialmente adaptada a cada ámbito nacional de un producto extranjero, como ocurre con las hamburguesas made in USA, o con las ropas polícromas de Benetton de Italia. En el caso de GH, como veremos, el proceso de glocalización es mucho más relevante y obvio, pues el programa involucra los signos más locales imaginables, los del cuerpo en la situación social cotidiana.

Voy a sostener que la novedad mediática de GH supone ante nada un auténtico golpe de estado al universo ético, si por ética entendemos, con Ricoeur (1992: 170-176), una perspectiva teleológica

---

[1] El éxito sin precedentes obtenido por el programa, motivó que se lanzara en julio de 2001, la segunda parte, Gran Hermano 2, de nuevo transmitido en simultáneo desde Argentina, con el mismo formato y con idéntica distribución horaria, en el canal abierto uruguayo.

de la acción humana, la incidencia de los "bienes internos" de tradición aristotélica que nos guían desde la matriz misma de nuestros actos, y que son necesarios para describir la acción, ya sea a nosotros mismos o a otros, mediante una narración. La moral sería lo prescriptivo, una herencia kantiana, deontológica, según Ricoeur, que remite a aquellas normas que, desde un afuera, buscan ordenar cierta manera justa y necesaria de hacer las cosas; la ética, en cambio, es el modo en que efectivamente tendemos a hacerlas, según nuestra constante evaluación de lo normal y de lo anómalo, en base a tipos ideales que orientan nuestros actos, a menudo de forma inconsciente. La llamada de mi conocido constituye un gesto ético de pánico, de no dar crédito a lo que estaba viendo y oyendo, "cada vez que prendo el televisor", me urgía con una hipérbole que era, no obstante, el reflejo fiel de su real desánimo ante este nuevo estado de la cuestión televisual.[2] Si la modernidad supone un proyecto reflexivo e internalizado del *self* o sí mismo (Giddens 1991: 153), creo que este nuevo formato holandés para todo el mundo que es GH, nos permite comprender a la perfección en qué situación está hoy la cuasi-interacción mediatizada que los medios electrónicos han introducido al mundo de la vida (Thompson 1995).

Voy a desarrollar una línea de reflexión sobre la comunicación inaugurada por los estudios del microsociólogo canadiense Erving Goffman, quien situa su análisis en el lugar de lo trivial por excelencia, en el orden de la interacción, un ámbito social donde normalmente no ocurre nada, donde tan sólo hay un tráfico constante y nutrido de apariencias, de pequeños gestos y de negociaciones mínimas que no parecen ser trascendentes, y que sólo tienen que ver con lo superfi-

[2] En verdad, su exageración no era tal, si se piensa que no había antecedentes de un programa que no fuera de noticias, que se emitiera con tan alta frecuencia semanal. De lunes a viernes, se emite tres veces un compacto de media hora, con un resumen de lo acaecido en la casa: una primer edición matinal a las 11.30 am, otra edición vespertina de las 20.30 y una nocturna tardía a las 23.30. A estas tres entregas cotidianas, hay que agregar dos especiales, más largas, un foro de debate los lunes, y la emisión más extensa, los sábados por la noche (21 hs), para hacer públicas las nominaciones, y dar a conocer el nombre de quien abandona la casa. A la mitad del ciclo, se agregó otro día más de discusión, los jueves de noche, con la presencia de los expulsados de la casa y le entrada y contestación de llamadas telefónicas y mensajes electrónicos de la audiencia.

cial, con la piel de la humanidad y, en apariencia, no con su alma. Lo contrario es lo que propone Goffman desde fines de los años 50 hasta su muerte prematura en 1982. De su legado teórico, uno de los aportes claves es que el *self*, eso que consideramos como lo más nuestro, nuestra identidad ante los otros y ante nosotros mismos, no sería más que "un producto de una escena que resulta lograda, y no una causa de aquella ... un efecto dramático que surge difusamente de una escena que es presentada" (1959: 252-253). Parte central de la teoría dramatúrgica del *self* que emerge de situaciones rituales producidas de modo más o menos espontáneo, con un efecto de mayor o menor grado de credibilidad o verosimilitud – la legitimidad social a la que todos aspiramos para ser aceptados en una comunidad – es la división que postula Goffman entre dos espacios microsociales bien delimitados: un frente o fachada (*front*), y una región posterior o zona de bastidores (*backstage*). El frente es el lugar social donde presentamos una apariencia que procuramos sea lícita para los demás, para ser aceptados en cierto rol, ya sea familiar o profesional. Inseparable de este lugar bien iluminado y público (aunque sólo haya un espectador), existe un lugar oculto a la mirada del Otro, donde 'cocinamos' o producimos esa apariencia legítima que vamos a presentar después en la interacción, estos son los bastidores. La capacidad de mantener esta separación es vital para lograr una identidad válida ante los demás, y para mí mismo como sujeto social.

Contra el buen sentido, el análisis del contenido de la comunicación, de sus mensajes, no es ni el único, ni el principal enfoque para entender cuál es el impacto de los medios electrónicos en la ética contemporánea. Otro abordaje posible es el preguntarse por el efecto mediático en el espacio social, en la dimensión que integra y que opone la interacción a distancia y la interacción cara a cara. Ese es el análisis que propone Meyrowitz (1989), basado en la dicotomía interaccional del frente y la región posterior. ¿Qué ocurre con el sentido del espacio social, cuando el flujo informativo derriba esa frontera última del decoro social, y expone comportamientos antes reservados para sólo dos ojos, para una única mirada? Este subgénero de *reality show* curiosamente bautizado "en honor" al villano del clásico *1984*, del novelista y ensayista inglés George Orwell, representa el fin de esta evolución de lo social-mediático, la caída definitiva del muro que separa lo público de lo privado, lo compartible con muchos, de lo íntimo. Hay una fuerte ambigüedad ética en el hecho de bautizar un programa con el nombre funesto de un Estado totalitario dedicado a asediar a sus ciudadanos todo el tiempo, y en todo lugar. Mezcla del panóptico de fama foucauldiana, y de la actual tecnología de vigilancia electrónica pública, GH parece dedicado celebrar sin pudor el voyeurismo, y a aclamar y a auspiciar el narcisismo epocal, esa fatiga de ser uno mismo que habría sustituido a la vieja neurosis, y a su infaltable aliada, la culpa (Andacht 2001; Ehrenberg 2000).

¿Qué le ocurre al *self* moderno cuando cae el muro posterior, cuando una mirada ávida e incesante lo domina todo? Este *reality show* nos permite asistir al desarrollo de una nueva forma de poder del espectador, un nuevo tipo de zapping ético y no externo, junto a una forma de neocelebridad de los protagonistas de GH que es la antítesis exacta de la celebridad clásica, la que se basa no sólo en un talento, don o poder, sino en el máximo control de la visibilidad. Sometidos al escrutinio implacable, sin bastidores donde refugiar su *self* maltrecho, estos prisioneros voluntarios de la escopofilia televisual (del griego *escopéin*: mirar, y *filo*: amor) disfrutan de una enorme y casi instantánea fama, al menos por un tiempo.[3] Mientras que el personaje célebre tradicional habita sólo el frente, es todo fachada (ej. la figura mediática del Papa, cuyos actos son todos papales), estos neocélebres viven únicamente en los bastidores, atravesados por un flujo informativo enorme (televisión abierta, Direct TV e internet). ¿Qué nos ocurre a nosotros, los espectadores de esta TV-realidad, que tenemos que buscar en la noche a otro para convencernos de que la realidad-real sigue ahí intocada? Tal vez la

[3] Tomo el concepto de 'escopofilia' de la obra que Winkin (1988: Introducción) dedica a presentar la vida y la teoría de E. Goffman. El sociólogo canadiense, según Winkin, habría estado muy influenciado por su inclinación a considerar la sociedad como si ésta fuese una serie de fotogramas o tomas fílmicas que, en su conjunto, conforman "el orden de la interacción."

impresión de que ya nada será igual en nuestra sociedad mediatizada. Más que con las tecno-profecías de MacLuhan, o con el amargo apocalipsis de los de Frankfurt, coincido con Martín Barbero (1987: 56), cuando señala que Walter Benjamin estaba en lo cierto al preguntarse por esa experiencia del público moderno, al reflexionar sobre "el modo de acceder a lo que irrumpe en la historia de las masas y la técnica."

Mi intento de explicar la enorme repercusión de audiencia de GH pretende evitar la caída en la tenebrosa oscuridad del tecnofatalismo – la humanidad ha llegado su punto más bajo – así como también la trampa tentadora del tecno-optimismo, según el cual, el nuevo formato televisivo sería un adelanto más, en la misma dirección que la red de redes o el teléfono móvil. Ni defensa ni condena de GH, lo que sigue es un intento de explicar el éxito enorme de este subgénero de realidad preparada por la televisión del nuevo milenio, no como el encuentro feliz y auspiciado de voyeurs y de exhibicionistas irrestrictos, que en parte, sin duda, el programa fue, sino como un nuevo hito en el giro expresivo o "expresivismo" analizado históricamente por Taylor (1989: 368ss). Según este filósofo, habría en los orígenes del *self* de la modernidad, una atención constante al dominio expresivo del ser humano, un ámbito sobre el cual tiene la persona menor control, en contraste con lo que ocurre con las palabras. Gestos y emociones serían los síntomas irrefrenables del *self*, y como tales constituyen el mejor acceso posible a la verdad humana, a partir de la interiorización de la naturaleza que sobreviene con el Romanticismo, en el siglo XVIII, la cual se exterioriza de un modo sentimental y creativo. La caída espectacular del *backstage* social que provoca GH no sólo auspicia la escopofilia obvia, la dedicada a seguir minuciosamente cuerpos desnudos que se bañan, defecan y copulan, como simios enjaulados y estudiados etológicamente, sino de modo mucho más central,[4] una excavación y exploración del *self*, de la autoestima narrada e imaginada (Ricoeur 1992:165-170), que corresponde al alma contemporánea, lo auténtico de la persona como fuente de toda acción y de toda verdad. Nunca hubo tanta discusión sobre valores, mentira y verdad, actuación y espontaneidad como la que surge en torno a este programa, que concita la atención y la mirada fascinada de todas las clases, edades y ocupaciones. Creo que lo que une a este público enorme y heterogéneo es el afán interpretativo al que los habilita una actuación humana sin libreto, sin guión previo más que lo social compartido, que obliga a los habitantes de la casa a actuarse a sí mismos (*self-enactment*), ante una batería de cámaras y micrófonos que nos guiarán por nosotros mismos, tanto como por ellos que están allí, encerrados en esa casa sin barreras visuales o auditivas.

No se me escapa que, en su afán de causar sensación y recoger el mayor *rating* posible, la finalidad probable y casi obvia de la producción de GH, en todo el mundo, como ocurre con todo producto comercial de la pantalla televisiva, sea reducir o aplanar esa revelación de un universo social unidimensional, todo *backstage*, es decir, mostrar la desnudez o la desvalidez de esos cuerpos, de esos personajes que tratan de tejer tramas atractivas para el público. Pero en franca rivalidad con ese indudable designio industrial, surge una nueva forma de revelación social, uno de cuyas tempranas manifestaciones consigna la sociología de la cultura. Williams (1981) describe la entrada del recurso escénico del soliloquio en el teatro inglés como un jalón más, en la progresiva y cambiante representación del *self* real, auténtico, del sujeto moderno. Lo que afirma Williams (1981:141) sobre la introducción de esta técnica dramatúrgica, vale también para este nuevo género que propongo describir aquí como la melocrónica de GH, y que "es inseparable de nuevas concepciones de la personalidad y de nuevos sentidos de los límites y contradicciones de las relaciones sociales existentes. En esta inseparabilidad, [este recurso dramatúrgico] es al mismo tiempo una nueva modalidad composicional y una nueva clase de contenido."

[4] Como evidencia de lo que aquí afirmo, alcanza con observar detenidamente las secuencias presentadas desde el inicio de GH, a fines de marzo de 2001, hasta su desenlace en junio: las tomas de mujeres u hombres en la ducha o en el baño, de cuerpos desnudos, disminuye notoriamente, en la misma medida en que aumentan las imágenes en las que vemos a los personajes expresar sus sentimientos, solos o con otros.

2. La caída del muro interaccional: Gran Hermano y su irrestricto acceso al alma moderna

¿De qué está hecho este género que caractericé primariamente como una Prisión Escopofílica Voluntaria? Aunque se presenta como un juego, GH surge de la confluencia de dos géneros clásicos televisivos, el melodrama y la crónica roja, la exposición detallada, morosa, siempre en primer plano, de sentimientos musicalizados, junto con la minuciosa documentación del tipo de violencia que surge de la constante interacción social: GH es una melocrónica de los bastidores de lo humano. Vamos ahora a considerar en detalle sus ingredientes básicos.

Una docena de jóvenes, seis hombres y seis mujeres de entre 18 y 30 años, cuidadosamente elegidos por su buena apariencia y por su mejor disposición expresiva al escrutinio masivo es reclutado entre muchos miles de aspirantes, para convivir en una casa atravesada de dispositivos de observación, durante ciento doce días. Ellos deben cargar consigo, en todo momento, un micrófono que sólo pueden quitarse bajo la ducha, pero no en la cama, ya estén allí solos o acompañados. Cada dos semanas, uno de los miembros de la casa de GH deberá abandonar ese refugio transparente mediante un mecanismo expulsivo que tiene algo de supervivencia darwinista y de concurso de popularidad. Dentro de un recinto llamado 'confesionario,' cada uno deberá decir los nombres de dos compañeros de encierro, para que luego uno sea votado telefónicamente por el público para irse. El confesionario es una hermética habitación tapizada de rojo, donde instalados en un mullido y amplio sillón de cuero negro, uno por uno, estos jóvenes verbalizan sus sentimientos y exhiben sus emociones ante la cámara, sobre algún malestar puntual. A ese lugar también los convoca la voz en *off* del 'Gran Hermano' para que procedan a "nominar" a dos participantes, cada viernes, luego de dar "las razones" para sus opciones. Tradicionalmente, el acto de nominar supone postular a alguien destacado para que reciba un premio, por ejemplo, el Oscar de la Academia de Hollywood o el codiciado Premio Nobel. En GH, la nominación es tan ambigua como el nombre mismo del programa: ésta implica seleccionar a dos compañeros para que uno sea finalmente expulsado; el primer nominado recibe un doble voto negativo, el segundo sólo uno.[5] La cámara habitualmente sigue, durante algunos instantes, al nominador, tras la salida del confesionario, luego de su performance nominadora, para que veamos en detalle su expresión de culpa y de alivio, de deber cumplido y de traición a otros a quienes no les dirá lo que hizo allí encerrado. Sin embargo, como lo formula Giddens (1991: 153), el actual reordenamiento social de lo público y lo privado ha desplazado a la culpa social, y promovido a la "vergüenza" como el mayor riego para la identidad moderna. La tarea primordial de los habitantes de la casa de GH es, por lo tanto, mantener alejado todo lo posible, este sentimiento desestabilizador, la vergüenza, la cual "directamente corroe un sentido de seguridad tanto en el self como en los entornos sociales circundantes" (ibid.) Las reglas del juego que todos saben, y que regularmente les recuerda la omnisciente y severa voz tutelar que preside el orden de la casa, eximen a los jóvenes de toda culpa: no hay represión para lo que ellos hacen – someter una víctima al veredicto del televidente – y sí un constante apoyo institucional. Al cabo de ciento doce días, quedan cuatro finalistas, entre quienes, ya sin más nominación interna, el público habrá de elegir por teléfono al Gran Hermano, el ganador, el que abandonará en última instancia la casa, y que recibe doscientos mil dólares como su recompensa. [6]

La innovación tecnológica de los medios desplazó progresivamente la antes infranqueable barrera de lo público o fren-

[5] Estas reglas como casi todas las principales estipulaciones sobre el comportamiento dentro de la casa de GH provienen de "La Biblia," nombre humorístico que recibe el libro que han seguir todos quienes compran los derechos del programa a la productora holandesa Endemol Produktes, inventora de *Gran Hermano*. En esto consiste justamente el proceso de **glocalización**: la tensión entre lo extranjero, importado, y su apropiación adaptativa de elementos de inconfundible sabor local.

[6] Cabe consignar que la llamada del público no sólo cumple un rol estructural en el programa, que analizo más adelante, sino que es también un mecanismo de ganancia para la productora: el costo del minuto de la llamada para votar por uno de los dos nominados es de más de tres dólares.

te, hacia el antes hermético recinto de la intimidad, de los bastidores de la interacción; hoy no sólo sabemos cada vez más sobre el otro, sino que sabemos además que el Otro sabe que tenemos acceso a esa información antes prohibida o accesible sólo a los íntimos (Meyrowitz 1989: 92). La gran mudanza impulsada por los medios electrónicos desde la abstracción formal y general del orden simbólico propio del frente (ej. las palabras), hacia la región posterior de sesgo concreto y cualitativo (ej. gestos e imagen corporal), que describe Meyrowitz (ibid.) refuerza el "giro expresivo" del Romanticismo, a fines del siglo XVIII; el efecto de estas fuerzas es la fascinación creciente del público televisivo por la transpiración o exhalación sígnica. Sostengo que más que el *sex-appeal* de caras y cuerpos bonitos exhibidos en diversos grados de desnudez en la casa, la principal atracción de GH, la explicación de su enorme éxito mundial, consiste en su *index-appeal*, es decir, en la visión y audición constante e irrestricta de cuerpos expresivos que habitan una zona posterior sin frente, y que no pueden dejar de sembrar en cada punto, y a toda hora, una enorme cantidad de indicios icónicos (= expresiones emotivas), según la más conocida de las taxonomías sígnicas de Peirce:

> Encontramos ahora que, además de los términos generales [símbolos], dos otras clases de signos son completamente indispensables en todo razonamiento. Una de estas clases es el indicio [*index*], que como un dedo que señala ejerce una real fuerza fisiológica sobre la atención, como el poder de un hipnotizador, y la dirige hacia un objeto específico del sentido. (CP 8.41) [7]

El tercer tipo de signo según Peirce es el ícono, aquel cuya relación con su objeto es una posible semejanza o cualidad compartida, sin que sea necesario siquiera que exista dicho objeto, alcanza con sea imaginable, posible. La relación entre el signo y su objeto, en el caso del indicio, es necesaria; hay entre ambos una contigüidad espacial (ej. pronombre personal) o una de causa y consecuencia (ej.

[7] Cito a Peirce del modo usual: de los *Collected Papers* doy el volumen seguido del párrafo correspondiente (x.xxx). Todas las traducciones me pertenecen.

humo y fuego). Pero, es imprescindible que exista efectivamente ese "objeto específico" o singular, para que estemos en presencia de un auténtico signo indicial. El cine clásico de Hollywood se alimentó durante décadas del *sex-appeal*, la llamada de lo erótico. Esta consiste en una apelación de tipo icónica que se encarnó históricamente en el sistema de las estrellas o *star system*, así llamadas por su gran celebridad, la que iluminaba cada uno de sus elaborados gestos escénicos, dentro o fuera de la pantalla, y las convertía en criaturas más que humanos, como si un dios o una diosa de la Antigüedad hubiera bajado unos momentos a la tierra para encarnar escenas de amor o de dramatismo o de comedia. Propongo describir el principal motor semiótico de este melocrónica de GH como el index-appeal, el llamado compulsivo o la atracción irresistible de lo indicial. ¿Qué buscamos realmente al mirar el *reality show* de GH? Ese indicio irrepetible que, en cada instante, puede surgir inesperadamente de la interacción humana, cuando ésta no está libretada, cuando no sigue un guión escrito, no importa si bueno o pésimo, que estipula no sólo cada palabra a decir, así en el teatro como en el cine, sino también cada gesto facial o del cuerpo, con el cual escenificar el diálogo pre-establecido.

El movimiento de cuerpos en GH es sin red, sin una estructura de palabras previas que los actores profesionales hacen suyas, para devenir personajes más o menos previsibles, admirables o no. La casa de GH, en cambio, es a la vez zona liberada y espacio semi-censurado: los habitantes dicen lo que quieren a cada momento, y los obligados censores de la edición o montaje de cada una de las tres emisiones diarias, superponen un torpe y estridente silbido que mal recubre las obscenidades verbales que se multiplican a toda hora. El recurso sólo sirve para destacar la espontaneidad de estos neopersonajes que nacen de sus propios actos, y no de un plan o idea previa, salvo la de ese gran ojo azul, ubicuo y poderoso, que no los abandona ni de día ni de noche, y que constituye el isotipo y la fiel ilustración del funcionamiento de este *reality show* global.

Esta docena de atractivos adultos jóvenes puede intentar seducirnos, como obviamente muchos lo hacen de modo casi explícito, pero eso no importa demasiado, como bien señala Meyrowitz (1989:114), con o sin un plan de ataque expresivo, en última instancia lo que permanece e impacta en el público multitudinario es la huella audiovisual de cuerpos que están obligados a actuar ante cámaras, y que, recordemos, no tienen un lugar donde retirarse o esconderse de nuestro escrutinio. Su preparación actoral se confundirá inevitablemente, en todo momento, con la actuación misma que brindan en GH. Y sólo quedará la visión de un escenario pletórico de expresión, de huellas, de indicios que van señalando el mapa del alma de esos cuyos cuerpos vamos a manejar con ese *zapping* interno al que nos habilita GH en su reglamento: nuestra votación por uno de los dos nominados internamente definirá el futuro de la trama, del recorrido de estas almas que han llegado a esa casa a expresarse, aunque ellos no lo sepan.

La docena de habitantes de la casa de GH son la última generación de expresores, esos privilegiados vehículos mediáticos de indicios corporales que se vuelven famosos por su potencial expresivo (= sus gestos, actitudes 'naturales'), y no por su don comunicacional (= sus palabras). Habitantes de los bastidores de la interacción mejor iluminada de la sociedad occidental contemporánea, los participantes de GH reciben periodicamente "tópicos," es decir, temas más o menos banales o 'trascendentes' sobre los cuales sentarse a conversar, de un modo más o menos formal, y "pruebas" a realizar colectivamente, y de cuyo éxito depende que se les duplique el escaso dinero disponible para sus comidas y vicios (ej. fumar o beber alcohol). Pero no es esa la recompensa anhelada por el público del programa televisivo con mayor *rating* de los últimos tiempos. El botín mediático es eso que se desprende involuntariamente del cuerpo, una auténtica transpiración sígnica – mohínes, caras de sorpresa, de cólera, de voluptuosidad, gestos de vergüenza, de miedo o de inseguridad – eso es lo que mantiene en vilo a la audiencia. Sus mensajes verbales, en parte por el riguroso encierro y por el total aislamiento informativo – no pueden tener siquiera un reloj o algo con lo cual escribir – tienden a ser muy pobres, incluso si se los considera dentro del registro de lenguaje informal o coloquial juvenil. Son muy abundantes las malas palabras, los lugares comunes o las frases hechas, como si estos jóvenes confiaran la tarea comunicacional al piloto automático de la interacción verbal, y reservaran lo más fresco, espontáneo de sí a su rostro y a su cuerpo. Cuenta una leyenda sobre la antropología europea del siglo XIX, que ante la pregunta del alterado explorador blanco sobre la chocante desnudez de los nativos, estos le contestan que su cuerpo es todo rostro. En eco a esa supuesta respuesta al etnocentrismo occidental, podríamos decir que cadauno de los participantes de GH es toda expresión. Cada incidente en la casa, cada decepción y alegría, provoca un derramamiento precioso de indicios, de expresiones corporales que hacen posible esta ininterrumpida excavación y exploración del alma humana, a través de los sentimientos que podemos recoger de la superficie, de esos actores tan elocuentes y creíbles que son nuestro rostro, nuestra piel, y nuestros miembros.

A la vez, podemos contemplar en la casa, la patética porque imposible búsqueda de una región posterior de la interacción, protegida de la mirada del Otro, que en el caso que voy a referir ahora es nada menos que el espacio del confesionario voluntario. Aunque coincide físicamente, no es en cuanto a su significación, la misma habitación donde los moradores de la casa de GH son convocados perentoriamente a nominar; se trata, en cambio, del último refugio de un *self* herido, que busca un lugar al abrigo de la mirada del Otro de la casa, para revelar allí su más grande intimidad. El problema es que ese sitio está sometido al escrutinio de millones de televidentes que pueden contemplar como Lorena, la que habría de convertirse en la primer expulsada del GH, narra lo más oscuro de su alma. Mientras ella habla, sus gestos delatan la gran conmoción que sufre la más dura y tajante de las participantes, la mujer de más edad, quien aún no sabe, pero seguramente intuye que deberá abandonar en primer lugar la casa, a causa, precisamente, de su demasiado 'alto perfil,' como lo describiría un especialista en marketing personal, o un productor de GH:

> Yo tuve una experiencia de muy chica, con catorce años... un abogado me quería... me quiso violar. ¡Yo me escapé! Yo de esas cosas me acuerdo y me hace mal... Pero yo no sé si yo lo compartiría

con este grupo. Por más que sea una historia de vida mía. Y yo a ellos los admiro porque ... es como que se desplazan muy libremente. (Lorena en el confesionario)

Tan conmovedor como el fuerte relato de esta casi-violación juvenil, es el despliegue expresivo de Lorena en el confesionario: el temblor de los labios, los ojos que se humedecen y luchan heroicamente por contener las lágrimas que finalmente no salen, en adhesión a la firmeza de esa mujer adusta, implacable con los errores interactivos y deslices de sus once compañeros, durante los primeros y únicos quince días de convivencia que le tocarán vivir allí. Casi juraría que su rostro se oscurece, que ella se avergüenza de lo que está narrando. Sin excluir un improbable plan para manipular la opinión pública que asiste a esa revelación impactante, todo indica que estamos ante una catarsis pura, ante la contenida explosión de algo con lo que se ha cargado dolorosamente durante años. Pero lo más llamativo es la expresión que muestra Lorena al hablar de su vigoroso rechazo a compartir su confesión con el resto del grupo, en el ámibito de esa gran región posterior, donde los demás participantes "se desplazan" con envidiable libertad. Encuentro exacto y justo el término usado por esta mujer para describir su reticencia; siente que para los demás la tarea consiste simplemente en deambular con total soltura por la región de lo privado, de lo íntimo, convertida brutal e irreversiblemente en frente o fachada de la interacción. Por eso, Lorena necesitó inventarse o imaginarse este santuario imposible: el confesionario hermético para el adentro, pero acribillado de miradas desde el inmenso afuera, donde creerse amparada por una inexistente región posterior (*backstage*), para poder depositar allí su dolor en privado. En la casa, tal vez, su relato hubiera recibido un plano medio de la cámara, allí, dentro del confesionario, el primerísimo plano es seguro, la captura de cada pequeño temblor, rictus o gesto, todas sus expresiones irán directamente al lente de esa cámara, de ese mudo pero incansable interlocutor, que sabe escuchar, pero mucho más sabe mirar. Pero nada parece capaz de detener ese impulso que nos conduce a los bastidores, donde procuramos reparar las heridas de la interacción social.

Cabe evocar una escena, entre muchas posibles, del film *The Truman show* (P. Weir 1998, EEUU), cuyo protagonista, Truman Burbank, ignora que es el protagonista de un *reality show* que lleva su nombre, y que lo tiene a él como personaje central, idolatrado por las masas, que lo han seguido sin cesar, desde su nacimiento. Tras despertarse y levantarse de la cama, Truman va al cuarto de baño y procede a hacerle una serie de confidencias a su imagen en el espejo. El le habla de sus miedos, ilusiones y fantasías. No sabe Truman que es un espejo sin azogue, dotado de una de las incontables cámaras que hay distribuídas en cada rincón de su 'hogar.' Esa cámara se encarga de transmitir en directo esta aparente región posterior (*backstage*) a millones de hogares, por televisión. El pobre Truman, adoptado por la corporación que produce y transmite el programa desde que su madre lo abandonó al nacer, es un prisionero escopofílico involuntario. En eso, y nada más que en eso tan fundamental, radica la diferencia entre uno y otro programa, el de ficción cinematográfica y el televisivo. Pero *El show de Truman* comparte con GH la promesa seductora del *index-appeal*, es decir, ambos productos mediáticos son territorios de caza de expresiones genuinas exhaladas por el cuerpo, en el caso del flm, por el cuerpo de un único personaje no-actor que interactúa con otros que sí saben, y que sí actúan siguiendo un libreto. Otra diferencia entre ambos productos mediáticos es que mientras que el subgénero de GH es la melocrónica, el representado en *The Truman Show* es una típica comedia doméstica (*sitcom*), con abundante publicidad incluída. Incluso puede verse la vida entera de Truman Burbank como un extenso aviso publicitario, con un atractvo componente testimonial, 'la vida en directo' de su héroe. La reveladora contradicción de la escena descrita arriba que protagoniza Lorena en GH no puede surgir allí donde no hay un saber sobre ese flujo informativo incesante que transporta cada signo corporal al más allá del público televidente. Como un Sísifo de la interacción social, la primer nominada y expulsada de GH 2001, en el Río de la Plata, se entrega a la tarea imposible e implausible de levantar el muro entre lo público y lo privado donde esto está rigurosamente prohibido, y en ese gesto justamente está su grandeza, y su derrota.

El baño o el dormitorio de la casa de GH, dos zonas típicas de lo confidencial, que están normalmente vedadas a los ojos del afuera, así como el jardín con piscina y establo que rodean la casa suburbana, son tan accesibles informativamente como la sala de estar, el lugar donde se reunen los miembros de la casa los sábados de noche, para recibir la única entrada de información 'exterior' a la casa de GH. Allí les llega la imagen y la voz del estudio de televisión donde una exaltada animadora oficia de puente para los únicos signos que pueden entrar allí: las noticias de la nominación, primero, y de la fulminante expulsión, después.[8] Durante el resto del tiempo que dure esta emisión extraordinaria de GH, todo será hablado y expresado en *Granhermanés*, si se me permite el uso de este neologismo. Mediante este programa, la televisión consigue su sueño mayor: el cerrarse por completo al mundo exterior, transmitir en su propio idioma, y desde sus más profundas entrañas, las alternativas del funcionamiento de su propio metabolismo o funcionamiento mediático. Como si fuera un muy extenso informativo sobre esta casa impermeable a todo signo del afuera, todo lo dicho, indicado y mostrado en las más de dos horas del programa del sábado será aquello que ya se sabe: las andanzas expresivas de los miembros de GH. Habrá una única y monotemática novedad: quién se queda, quién se va de la casa. Algo semejante ocurre con otro de los programas extraordinarios en el menú sobreabundante de GH, los lunes por la noche, se emite *Gran Hermano: El debate*. Durante más de una hora, y con una mezcla de (auto)ironía y total seriedad, un panel de periodistas, junto a algún invitado especial y rotativo, dotado de legitimidad externa al medio (ej. un psicoanalista, un sociólogo o un comunicólogo), se entrega con pasión a discutir sobre los pormenores de la interacción en la casa, sobre la vida y obra – que son una misma cosa – de sus habitantes. No sólo se suministra así un modelo para emular en los hogares,

[8] Con una alegría muy próxima a la manía, la radiante conductora sabatina, hecho el anuncio de expulsión, le avisa al nominado y ahora además exiliado que cuenta con unos pocos minutos para despedirse de los restantes miembros del grupo, y retirarse con su valija, la que exhibe el distintivo del programa, el ojo abierto y azul que iconiza al GH.

entre el público de GH, sobre el mejor modo de reflexionar sobre GH, sino que en todo momento, se habla fluídamente ese mismo idioma, el Granhermanés: "usa una estrategia," "está actuando", "es él/ella mismo/a", "es auténtico/a", etc. Nunca la autoreferencialidad de la televisión fue tan lejos, ni fue tan explícita.

Sin saber o sin querer, el gesto desesperado de Lorena que cité arriba, la primer perdedora de GH, la que exhibe una zona muy oscura de su alma ante este Otro invisible, como forma fracasada de proteger su privacidad de las miradas de aquellos con quienes interactúa cara a cara, constituye la encarnación más potente del *index-appeal*, la razón primordial que lleva a tantos seres ausentes de la casa, a estar allí presentes en tanto signos. La audiencia de GH deviene flujo informativo con capacidad de incidir en la trama narrativa del programa, tal como veremos más adelante. La imagen de esos síntomas emotivos es lo que nos impulsa a continuar en la búsqueda interminable de la expresión indicial perdida, esa que nos conduzca hasta la última verdad, en alas de algún sentimiento, estremecedor como el de esta mujer. Pero su expresión es también desafiante, pues ella se niega a aceptar la pérddida de la sagrada frontera social entre lo público y lo íntimo, ante la cual se auto-inmola. Lorena muere ante el altar la interacción social, para que sobreviva la ilusión del telespectador, su esperanza de encontrar sentimientos auténticos que lo conduzcan hacia ese Grial supremo de la verdad profunda, del *self* auténtico al que llevan, inexorables, los indicios humanos.

No es poca paradoja que un formato obviamente planeado y armado para auspiciar el individualismo desenfrenado y a la vez disimulado – todos contra todos, pero bajo la apariencia de una comunidad armónica y alegre – para propiciar el voyeurismo erótico legítimo – sin tener que acudir a canales especiales, sin sentirse público 'especializado' como el de la pornografía – termine por auspiciar una odisea ética en la cual, cada emisión se convierte en una intensa exploración del alma del Otro y de la propia, para encontrar la verdad última del alma moderna llamada *self*, ese proyecto ético interminable de la modernidad. Para eso sirven el melodrama fusionado con la crónica roja, los sentimientos y el choque violento y descontrolado de deseos y expectativas, en el orden de interacción, para conocer cuál es en verdad nuestra naturaleza profunda, qué es lo que nos vuelve humanos, más allá de las palabras y del control implacable que funda nuestra modernidad, la que aporta la eficacísima tecnología de vigilancia en la casa de GH. En esa tensión constante entre el control simbólico y el descontrol expresivo o indicial, brilla como una epifanía anhelada, la revelación audiovisual de lo verdadero humano.

3. Conocimiento carnal: la ficcionalización continua en Gran Hermano, una forma de zapping interno

Pocos dudan hoy que el mecanismo electrónico del cambio más o menos frecuente y periódico de canales o *zapping* es una de las amenazas para la televisión, sea ésta abierta o por cable. Junto a la recurrente fuga de miradas, como forma de atención esporádica y fluctuante sustentada por un aparato de control, crece la costumbre de la televisión ambiental, la que se prende y deja funcionando sin nadie sentado en frente. Se trata de otra notoria modalidad de debilitamiento de la antes invencible máquina de absorber por completo la atención humana, que es el medio televisual. Propongo considerar este subgénero de *reality show* representado por GH como una eficaz táctica destinada a combatir ambas fugas de público, un modo de volver a cautivar, en el sentido de hacer nuevamente prisionero, a la teleaudiencia. Se trata de una consecuencia natural o esperable del *index-appeal* que describí arriba como el principal atractivo de GH. En lugar de sólo mirar y admirar una ficción – como una telenovela clásica – el público de GH es invitado e incluído estructuralmente a ficcionalizar una tajada de vida, una actividad que propicia un involucramiento mucho mayor que el que genera la vida representada profesionalmente por actores que se desplazan por las líneas pre-establecidas de un guión o libreto escrito. A continuación, describiré cómo transcurre este proceso de ficcionalización que es inseparable de GH como género.

Una forma ya tradicional, incluso específica del medio televisivo es la transmisión 'en directo.' Dicha modalidad contribuye decisivamente a cambiar la organización de la situación social, la ya mencionada divisioria entre el frente y la región posterior, porque la transmisión en directo brinda acceso a una amplia gama de deslices expresivos. Un ejemplo notorio es la participación distante y distraída de un evento tan formal como el funeral de un conocido personaje político; esta situación que nos permite ver cómo la televisión en vivo y en directo "destruye la especificidad del lugar y del tiempo" (Meyrowitz 1989: 124-125). La transmisión de una ceremonia tan solemne como el funeral queda inevitablemente inserta en el "torrente sucio" de la programación televisiva (Williams 1981), y el acontecimiento fúnebre perderá, fatalmente, su carácter de máxima respetabilidad, pues debe convivir promiscuamente con publicidad, y con toda clase de formato televisivo (humor, deporte, intriga policial, etc), que nada tienen que ver con la atmósfera de gravedad que rodea a la muerte. Por supuesto, la transmisión también está sujeta al cambio abrupto de canal o zapping del televidente aburrido o curioso.

"LA VIDA EN DIRECTO" es el eslogan que utiliza la producción local de GH para describir y publicitar el contenido del programa. Los habitantes de la casa están ocupados precisamente en vivir en directo, en llevar adelante su existencia 'normal,' idealmente como si ellos estuvieran instalados en la vida misma, no filmada. Y ellos deben cumplir con este cometido no sólo ante el escrutinio electrónico continuo, sino también ante la mirada de un público capaz de incidir directamente, cada quince días, en la trama narrativa que los tiene a ellos como protagonistas. En virtud de la votación telefónica, quien mira el programa desde su hogar consigue que uno de los dos participantes nominados se vaya de la casa, y abandone así el relato que evoluciona mediante un guión que se genera en directo, a cada instante, por la personalidad y por las expresiones de cada uno de los moradores de GH, y por esta intervención externa-interna del público devoto de GH. Así, de hecho y de modo inmanente, el telespectador de este *reality show*, se convierte en co-autor explícito y legítimo del espectáculo que está mirando. Su acto, la cíclica decisión por uno de los dos nominados para que se vaya, y luego, la última semana, por el ganador entre los cuatro finalistas, es una forma de *zapping interno*, es decir, un dispositivo propio del subgénero que está destinado no a cambiar de programa, sino a introducir cambios significativos en el programa, en su propia trama narrativa. De esta manera original, GH busca retener una mirada que sólo tenía, en el régimen televisivo anterior, la posibilidad de fugarse del programa, y que ahora está prevista en su propio funcionamiento. Aunque se publicita un premio de veinte mil dólares a sortearse entre todas las llamadas recibidas quincenalmente, creo que la recompensa real es inmanente al disfrute del programa. El premio real radica en el acto de co-autoría periódico de una teleaudiencia que se involucra no sólo emocionalmente con esta melocrónica juvenil,[9] sino en el hecho de tener el poder de favorecer cierta tendencia y suprimir otra, cuando consigue con su adhesión y rechazo que permanezca o que se vaya un personaje en vez de otro, en la casa. El mecanismo del zapping interno es la manifestación superficial del proceso de ficcionalización continuo al que se entregan los televidentes de esta trama sin destino fijo, que depende no sólo de la atención mínima de su público habitual, como cualquier otro programa, sino de una colaboración decisiva y constante en la trama que se desarrolla – más allá de que sólo un porcentaje del público de GH llame efectivamente, todo espectador está habilitado a hacerlo. Para poder votar, hay que tener elementos con los cuales formarse un criterio, y para ello es imperioso seguir todo lo posible el itinerario expresivo de estos no-actores que deben actuarse a sí mismos, y hacer contacto, cuerpo a cuerpo, con la mirada que los constituye en personajes, en célebres fulgurantes y transitorios.

En un estudio clásico de psicología social de los años cincuenta, Horton y Wohl (cit. en Meyrowitz 1989: 119) describen como

[9] El atributo "juvenil" con que caracterizo este subgénero obedece sólo a la edad de la mayoría de los televidentes (entre 13 y 29 años, según una encuesta hecha en Montevideo). Pero se trata sólo un sesgo, porque también hay un gran número de niños y de adultos miran con asiduidad GH.

"relación para-social" el vínculo de intimidad a distancia que producen en su público la radio y la televisión. A pesar de la ausencia completa de interacción cara a cara – el terreno normal para cultivar un vínculo social – en virtud de la relación para-social, la audiencia cree conocer muy bien a las figuras que actúan en los medios electrónicos, y un síntoma de ello es que se refieren a estos por su primer nombre, con total familiaridad. En el caso de GH, estamos ante un caso extremo y novedoso del actor para-social puro, es decir, de alguien que "es simplemente conocido por ser conocido" (ibid.). La diferencia con el célebre tradicional, como señalé antes, es que no hay trayectoria o conquista previa de estos hombres y mujeres jóvenes encerrados en la casa de GH. Ni en la canción pop, ni en las pasarelas de la moda, o en el deporte profesional ha obtenido ninguno de ellos alguna saliencia, dentro de la comunidad. Son todos perfectos desconocidos. Su fama nace directa y exclusivamente de la acumulación de indicios icónicos que sus cuerpos exhudan de continuo, es decir, de las expresiones impregnadas de emotividad que revelan su *self*, a cada momento del día, y que fascinan al público. Esta nueva celebridad genera un efecto de casi-tangibilidad muy diferente del tipo de fama clásica: aunque literalmente sea imposible tocarlos, tal como ocurre con una estrella televisiva o del cine, estos neopersonajes están profusamente tocados, impregnados por los gestos de la vida cotidiana, y por la mirada incansable de los telespectadores, que siguen sus pasos por la casa, noche y día.

Si el célebre que nos sonríe desde tapas de revistas y pantallas es "alguien demasiado cercano que también pone en escena algo semejante a un acto de desaparición mágica," como lo describe con lucidez Rose (1998), en el apogeo de su fama, las personas- personajes de GH no pueden, en ningún momento o circunstancia, desvanecerse y dejarnos con el deseo en carne viva de seguir viéndolos de cerca. Su enorme y rápida fama altera el siempre vigente mito de Cenicienta, la fórmula narrativa que nos hace extasiarnos ante la odisea de un niño muy pobre que no posee siquiera una verdadera pelota para patear, y que luego de varias peripecias deviene el ídolo de masas que hace que todo un estadio de fútbol se ponga de pie para ovacionarlo. La neocelebridad de GH tiene un talón de Aquiles evidente: crece a gran velocidad desde la oscuridad completa al brillo enceguecedor – millones hablan sobre la bondad y pureza o maldad llena de estatagemas de Tamara y de Gastón, respectivamente – como si se tratara de Evita (Perón) o de Diego (Maradona), pero la suya es una fama con caducidad calculada. Ramonet (2001) describe con ironía "la construcción de celebridades descartables," un punto al que volveré en el final del trabajo.

Cuando el *index-appeal* sustituye al *sex-appeal*, sobreviene esta forma de casi-interacción cuerpo a cuerpo destinada a proteger el talón de Aquiles de la televisión comercial, a detener la fuga previsible y errática desde un punto al otro del universo televisual. Mientras que el universo de estrellas televisivas, musicales o del cine inducían a que "amigos reales a menudo discut[a]n las andanzas de sus amigos para-sociales," (Meyrowitz 1989: 119), en el caso de GH, la neofama es producto directo de una nueva forma de interacción para-social que habilita al público a penetrar en esa 'Vida en Directo.' Dotado de mirada y de escucha omniscientes, todopoderosas, el televidente de GH consigue, imaginariamente, revertir la tradicional situación de penetración del medio televisivo. Ya no sería más la televisión, la que se introduce con seductora prepotencia en el hogar, para atravesarlo con su poderoso y turbulento flujo informativo; gracias a este subgénero de *reality show* se 'le devuelve' al público el poder perdido, y se le permite penetrar a su antojo todo el día (con cuatro canales de Direct TV) en ese universo. El espectador de GH puede sentirse como un avatar del personaje de ficción Christoff, el director-demiurgo responsable de *The Truman Show*, quien instalado en una especie de Olimpo electrónico, que se describe en el film como "el mayor estudio televisivo del planeta," puede hacer llover, salir el sol, o, como último recurso para salvar su trama y su programa, hacer naufragar y eliminar a su protagonista.

Acusado tradicionalmente de 'pasivo,' el tele-espectador de GH deviene hiperactivo: un cazador incansable de indicios icónicos que le permiten llevar adelante la ficcionalización de esas vidas captadas en directo. Esos semejantes del comienzo, gente común, aún si de apariencia agradable, no lo serán en absoluto, al final del proceso narrativo de GH: Leonora, Tamara, Gastón, Marcelo y los demás miembros de la casa dejan de ser meros nombres propios, y se convierten en una ficción cargada de fama efímera. Gracias a la mirada y a la casi-tangibilidad propia del orden expresivo que reemplaza al guión melodramático tradicional, estos nombres le dan cuerpo a una melocrónica dedicada a excavar y a escarbar sin tregua, en las vidas de un grupo de hombres y mujeres, hasta encontrar su verdadera identidad o *self*. De la gente común que no conocemos en la intimidad, en el trato cara a cara, lo desconocemos casi todo; de los habitantes de la casa de GH, llegaremos a desear saberlo todo, y a recoger con avidez cada uno de sus indicios para lograrlo.

Para describir el tipo específico de actividad de la audiencia televisiva en general, y oponerse a la tradicional acusación de pasividad que recae sobre ella, Ellis (1996:48) recurre a un término del psicoanálisis freudiano: los televidentes participarían de "una 'perlaboración' (ing., *working through;* alem. *durcharbeiten*) según la cual el material [recibido] no es procesado en un producto acabado, sino que es de continuo problematizado hasta que se lo agota." Si esto es cierto en relación al género del *talk show* y a otras formas de discusión o entretenimiento televisual, lo es mucho más en el caso de GH. El antes citado programa especial de los días lunes por la noche, *Gran Hermano:El debate*, contribuye a que el público pase de ficcionalizar 'la vida en directo,' a formar parte de un grupo focal o *focus group*, esa conocida herramienta de la investigación cualitativa, hoy muy utilizada por la industria del entretenimiento, y no sólo para saber más sobre las marcas de productos y servicios. Hay una diferencia significativa entre el uso, en bastidores (*backstage*), de la técnica del grupo focal, para recoger y analizar de modo sistemático información empírica sobre la mejor manera de continuar el guión de una telenovela brasileña de la Red Globo, y la inclusión estructural de esta clase de discusión o perlaboración mediática, para seguir a Ellis, sobre las alternativas de la vida dentro de la casa sobrevigilada y sobre-expuesta de GH.

Un dispositivo clásico para influir en el público televisivo es el empleo de los aplausos provocados en el estudio. Esta es una de las cuatro formas de apelación indirecta al receptor que descrbie Thompson (1995: 104-105): mediante la visión de público en el estudio de televisión, se le suministra a la teleaudiencia que no está allí "un conjunto de reacciones modelo con las cuales puede empatizar o acordar." En contraste con este formato clásico, el foro que se reune semanalmente a degustar y a debatir con pasión diversas secuencias seleccionadas de la trama en la casa de GH, las que se vuelven a emitir especialmente con este fin, produce un efecto de máxima continuidad entre el público y el programa. Si los habitantes de la casa son prisioneros escopofílicos voluntarios, la audiencia de este anexo de GH, incluído dentro del menú semanal del programa, se convierte, de hecho, en un Grupo Focal Voluntario o Espontáneo. ¿Cuál es la mejor manera de llegar a dominar un nuevo lenguaje? Ejercitarlo con frecuencia, y asimilarlo todo lo posible a la normalidad cotidiana, a las prácticas habituales de nuestra vida. ¿Qué mejor ocasión para practicar el idioma oficial de GH, el Granhermanés, que un espacio 'oficial' semanal, en compañía de un grupo de comentaristas más o menos conocidos de la televisión (argentina), dedicados exclusiva y fervorosamente a disecar cada gesto, cada mirada y cada movimiento dentro de "la casa más famosa del país," como la describe con exaltación la animadora de los sábados por la noche?

La existencia de un programa donde manifestar adhesión hacia uno u otro miembro de la casa, el evaluar sus acciones como "auténticas" o "planeadas/actuadas" no sólo busca legitimar el programa, darle un aire de seriedad cuasi-sociológica, o de experimento etológico, sino algo mucho más importante: fomentar una interacción que tangibiliza como ningún género antes esta propuesta de *reality show*. Lejos de ser una operación de marketing, el Grupo Focal Voluntario que integran todos quienes miran asiduamente GH, no participa vicariamente, sino de modo real en la discusión pormenorizada sobre la interacción de los moradores de la casa. Se trata de un 'requisito esencial,' para poder ficcionalizar esa vida en directo; se vote telefónicamente o no, existe el voto virtual, el que se hace emocionalmente hacia la casa, el dedicado a incidir imaginativamente en la trama que cambia según el ánimo cambiante del público, en estrecha índice-dependencia.

A la amenaza del zapping externo y de una televisión ambiental, que se enciende pero no se contempla, responde el medio con una modalidad de zapping interno que habilita al público de GH a ficcionalizar a estos seres de carne y hueso, a quienes contempla absorto vivir, en una casa que parece normal y que es un estudio de televisión completo, como el exhibido en la ficción fílmica *The Truman Show*, pero a sabiendas de todos en GH. La relación para-social de GH se vuelve para-táctil: el televidente es quien penetra, quien domina la información, y quien puede incidir decisivamente en la evolución de la trama. El orden expresivo que caracteriza a GH logra la ilusión casi perfecta de un encuentro cuerpo a cuerpo entre el mundo en la pantalla y el mundo del otro lado. En eso consiste el *index-appeal*, en propiciar el acercamiento entre esas expresiones de la identidad ajena, y mis propias expresiones identitarias. La conversación sobre GH en el idioma que me propone el programa es conversión: el televidente se ficcionaliza a sí mismo, se traslada entre la casa y el Grupo Focal, que discute con gran seriedad, salpicada del necesario humor que exige el entretenimiento, y devoción incondicional, el significado de cada gesto, de cada indicio. La razón de esta doble participación es que en cualquier instante puede surgir la verdad, que no consiste sólo en lo que está dentro de los personajes, sino también y fundamentalmente, en lo que su interacción dentro de esa trama cambiante, crea imaginativamente, introduce al orden interactivo.[10]

---

[10] En su estudio sobre las fuentes de la identidad moderna, Taylor (1989: 374), explica cómo el " 'volver manifiesto' [de la expresión humana de emociones] no implica que lo que es así revelado ya estuviera completamente formulado de antemano." Aunque su afirmación es con respecto al arte, como expresión de algo original, inédito, creo que puede hacerse extensivo, al universo del reality show aquí analizado. En este caso el actor y el personaje, el creador y la obra se funden de modo inseparable, y el público televisivo es el catalizador de dicha fusión expresiva y creativa.

Por supuesto que lo emitido en cada una de las varias entregas diarias de media hora, y en la especial, mucho más extensa, del día sábado es el fruto de un cuidadoso montaje que intenta borrar los momentos muertos, y destacar lo más vívido de la interacción en la casa. El público lo sabe. Pero también sabe que no otra es la tarea humana de construir el *self* como proyecto de la modernidad (Giddens 1991), en esta era de la expresividad irrestricta: se impone rescatar de entre miles de expresiones fútiles, automáticas, aquellos preciosos indicios que nos permitan llegar al alma del otro y de nosotros mismos, que nos habiliten a construir el relato donde se manifieste, de modo inconfundible, debajo de muchas máscaras, la verdadera identidad. Esa es la promesa que consigue lo que parecía improbable para la televisión actual: volver a capturar el rostro absorto del televidente contemporáneo. El estilo de montaje de GH es parte de ese zapping interno del que hablé arriba: el armado sigue los diversos hilos argumentales, que corresponden a las alegrías, tristezas, encuentros y frustraciones de los diferentes participantes. El público de GH renuncia gustoso al preciado cetro del control remoto, renuncia a ser una mirada nómade, para no perderse un acontecimiento tan pequeño pero tan irrepetible, como la decepción amarga y furiosa de Tamara, la más salvaje de los cuatro integrantes de GH que llegan hasta el final de la estadía en la casa, luego de que la voz en *off* del soberano invisible y severo de la casa, denuncia al grupo la existencia de un complot o acuerdo para nominar, algo expresamente prohibido por las reglas de este 'juego':

> Quedará en su conciencia... ¡pero yo de adentro eso lo tengo que sacar! ¡Porque me va a hacer mal a mí! (Tamara a otra mujer del grupo). Yo la verdad es que dije: "¡Se van todos a la mierda!" Pero no puedo... ¡porque no lo siento así, porque no me sale! (Tamara a todo el grupo, un poco más tarde)

Quizás si las palabras de Tamara fueran transcriptas e incluídas en una novela, o en un guión televisivo no llegaran a ganar ningún premio o mención especial. Pero contemplar, *zoom* mediante, la minuciosa desilusión que termina con este personaje al borde de un amargo llanto es algo tan singular e irrepetible, como el índice semiótico que es, desde el punto de vista analítico. En este caso, es la expresión del espíritu turbado de esta hermosa y frontal joven, cuyo rostro se va a desfigurar progresivamente por la intensidad de las emociones que sufre. Veamos lo que va revelando paso a paso la cámara mediante sus primeros planos, pendiente de cada gesto de ese rostro atractivo y transparente, una auténtica máscara dramática de los sentimientos de Tamara. Al comienzo, cuando sólo tiene una interlocutora ante sí, apenas vemos el inicio de un tic en sus labios; su temblor incontrolable parece querer comentar el desagrado, la náusea ética que experimenta este personaje, cuando ya ha callado. Sus palabras, en verdad, no han hecho más que describir el itinerario normal de la expresividad humana: "yo de adentro eso lo tengo que sacar," así funciona el indicio que mediante una "conexión dinámica ... con el objeto individual" (CP 2.305) consigue poner de manifiesto una evidencia. Luego, convertida en el centro de atención del grupo entero, Tamara se dirige a sus compañeros desde una silla blanca. Asistimos entonces a la pesadumbre primero, cuando confiesa que no puede odiarlos a todos, por la sospecha de traición, un comportamiento que el juego prohibe oficialmente, pero que fomenta con intensidad en los hechos, ya que la victoria implica hacer que los otros salgan, y permanecer en la casa, a todo precio. Entorna sus ojos, y deja caer por un instante la cabeza, como si la tristeza pesara más en ese momento que la furia contenida. Pero, cuando invoca su sentir más hondo ("no puedo... porque no lo siento así, porque no me sale "), lleva su mano derecha al estómago, donde roza el lugar del cuerpo donde los antiguos ubicaban los humores, la profundidad de sus visceras, y regresa con el gesto hacia fuera, hacia los miembros del grupo, que están pendientes como los espectadores televisivos de cada gesto. Estos últimos atienden no sólo a las expresiones violentas de Tamara, sino de los demás, pues cada uno expresa algo distinto, en respuesta indicial e incontenible a esa poderosa interpelación de la joven, a ese llamado al sinceramiento en el lugar del engaño y la manipulación que es GH como fórmula televisual.

La explosión de rabia, como un huracán, ya ha pasado, Tamara se quiebra, se desinfla; su boca anuncia que la joven mujer está a punto de sollozar, los brazos cuelgan laxos ahora, a ambos lados de la silla. Parece que tras la explosión, toda su energía la hubiese abandonado, vemos cómo sus ojos se van enrojeciendo e inflamando. Su frase final es un ruego conmovedor a todos, a los traidores de ahora y a los que van a traicionar luego: "¡Quiero que sepan que yo los quiero mucho a todos! ¡No me caguen, loco!" Parece difícil resistir a esta conmovedora emotividad a flor de piel, tanto como es fácil criticar las palabras, menospreciar la sintaxis y la semántica muy limitadas del grupo, un lenguaje tan reducido como el muy magro flujo informativo que entra a esa cárcel lujosa y voluntaria. Si Tamara ha actuado, entonces es una actriz en verdad admirable, que, de todos modos, se ha ganado la empatía y la adhesión del público, porque estamos en plena región posterior, en los bastidores, en el ámbito indicial, donde casi sobran las palabras, y valen más que nada los indicios, las expresiones.

La convivencia estrecha con los prisioneros escopofílicos de GH produce un sentimiento de cercanía inigualable en su público; se ha compartido un encierro, se los ha acompañado hasta el último rincón de la casa, se es testigo del llanto, del suspiro, del grito y de la alegría de estos personajes sitiados, exiliados por sí mismos del flujo normal de miradas y mensajes, dentro de una caja blindada y transparente unidireccional. Creo que es lícito hablar del 'conocimiento carnal' que produce GH en su teleaudiencia, aunque parezca una contradicción de términos, pues el formato del programa genera una verdadera incorporación de la audiencia. El mecanismo que he descrito como 'zapping interno' supone la recepción de un tipo de información diferente al que brindan los demás programas televisivos: la alta riqueza indicial o expresiva de este *reality show* determina un efecto de tangibilidad imaginada tan particular como la idea misma de "la vida en directo."

4. El ambiguo y despótico Régimen Televisivo del Index-appeal: el alto precio de desocultar la experiencia humana

No creo equivocado encontrar una causa macrosocial adicional para el triunfo de este reino expresivo irrestricto de GH en el fenómeno social que Giddens (1991:148ss) describe como "la confiscación de la experiencia" (*the sequestration of experience*), y que sería el efecto primordial del creciente control administrativo "en relación a la reproducción social y la identidad del *self*... a nivel de la experiencia moral." El beneficio para la comunidad de dicho ocultamiento consistiría en "la seguridad ontológica," propia de la modernidad. De nuevo, estamos ante la dicotomía de lo público y lo privado; en esta oportunidad, se oponen el Estado y todo lo que le atañe, de un lado, y aquello que sería competencia de la sociedad civil, así como también lo que es secreto, del otro.

¿Qué relación hay entre esta confiscación de la experiencia descrita por Giddens y la experiencia única de los jóvenes expresores de la casa sin frente, toda bastidores de GH? La modernidad procura ocultar o confiscar de la interacción cotidiana todo aquello que escapa al ideal de control: la sexualidad, la criminalidad y su castigo, la locura, la enfermedad y la muerte. Una forma posible de des-ocultar estas manifestaciones diversas de descontrol administrativo es la puesta en clave (*keying*)[11] que las vuelve más livianas, ligeras y no tan difíciles de asimilar, en marco del *reality show* aquí analizado. Veamos un par de ejemplos.

La prisión de la era moderna, escribe Giddens (1991: 158), se asemeja a un "laboratorio para la mejoría social." En su interior, el orden cotidiano moderno adquiere una forma extrema, exagerada o

[11] Remito al lector al "análisis del marco" que elabora Goffman (1986/1974), para describir la interacción cotidiana en base a un trabajo de transformación de una situación social menos compleja. Así, las rutinas de cada día, al ser filmadas para transmisión como el reality show, devienen segmentos dramáticos, episodios de casi-ficción, según el género mixto que propuse como 'melocrónica' juvenil.

grotesca. No es muy diferente lo que ocurre entre estas paredes llenas de espejos unidireccionales que permiten vigilar con celo insuperable a los moradores de la casa de GH. Se trata de la cárcel escopofílica y voluntaria de los más adaptados de la sociedad, de los hipernormales, de los más atractivos, mirables y deseables, que, además, entran allí por riguroso concurso, y no por persecución y captura. Mantienen de los prisioneros clásicos la condición de estar "excomunicados de la sociedad," algo que ya no pasaría más en la actualidad, al menos en Estados Unidos, según Meyrowitz (1989:118). Uno de los sentidos de su encierro televisual es, precisamente, la absoluta excomunicación, eso es justamente lo que se comunica *urbi et orbi*. El público de GH puede verlos como Robinson Crusoes colectivos, aislados en una isla urbana desinformada, muy atareados en envasar y enviar en cada gesto, lágrima, o expresión corporal un convincente llamado para no ser liberados, para poder seguir excomunicados el mayor tiempo posible, y ellos lo hacen mediante la vía expresiva más potente que existe hoy, la del medio televisual, cuyo poderío se basa en el empleo del sentido icónico-indicial.

Aunque no está enumerada como tal por Giddens, podemos incluir la tradicional confesión religiosa como una forma de revelación y conexión con un más allá trascendente, que habría sido desplazado de lo colectivo, hacia lo íntimo (ej. en las diversas formas de terapia psicológica o psicoanalítica). Asisistimos en GH, a una especie de religión autogestionada y sexy: seguimos con enorme interés la trayectoria de ríos de lágrimas, el alud de copiosas dudas existenciales, la niebla de diversas estratagemas y una pertinaz llovizna de toda clase de planes del *self*, que reflexivamente busca su realización, y huye de la vergüenza, que vendría a "corroer el sentido de seguridad" (Giddens 1991: 153) de este proyecto identitario moderno. Las frecuentes sesiones en el confesionario, ya sea al obedecer la voz del amo – para nominar al Otro que deberá marcharse – o por propia elección – para imaginar una imposible región posterior (*backstage*) allí donde no la hay – sacan a luz una serie de preguntas más o menos metafísicas, aunque se las formule en lenguaje informal, que la rutina de la vida cotidiana moderna procura suprimir, en aras de una mejor adaptación al creciente dominio burocrático-estatal. La anomia provocada por el mecanismo de doble vínculo de GH – el Otro es a la vez mi apoyo necesario y mi enemigo letal – facilita esta clase de revelación, que el orden cotidiano desalienta.

La sexualidad se oculta detrás de bastidores como forma moderna de "privatización de la pasión" (Giddens 1991:162). Esa orgía módica y mesurada de cuerpos que se trenzan, separan, admiran, codician, intercambian, y apaciguan constantemente con ofrendas de afectividad o que se atacan ferozmente con golpes de desafecto dentro de la casa del *reality show* GH es un modo *light*, estético, de resituar lo pasional en el centro del escenario, de suprimir la vergüenza que llevó en la modernidad a desplazar hacia la intimidad eso que "se volvió una propiedad del individuo, y más específicamente del cuerpo" (op. cit: 164).

He dejado para el final la instancia que la sociedad ha confiscado de la experiencia colectiva con mayor celo, la que más obviamente ha sido privatizada, pues constituye la mayor amenaza al tipo de organización encarnada por el moderno Estado y su poder burocrático: "la muerte es ininteligible exactamente porque es el punto cero en el cual cae el control" (Giddens 1991: 202). Sostengo que en un régimen de narcisismo exacerbado como el que impera en los dominios de GH, es plausible equiparar la muerte con la expulsión de la casa. Una vez que la animadora le informa al grupo el veredicto interno,con solemnidad rayana en el ridículo, "Lorena (PAUSA) ¡ESTÁS NOMINADA!, y una semana más tarde, el veredicto del público: "Lorena (PAUSA) ¡DEBES ABANDONAR LA CASA!", todo está tan estrictamente regulado como en el ritual de una ejecución real. El minucioso control que sigue a la única información que puede entrar a la casa estipula, por ejemplo, cuántos minutos habrá de quedarse en la casa el perdedor, para despedirse de los sobrevivientes de la interacción. La diferencia de esta transposición aligerada de la muerte en el marco de GH es que aquí el que muere para la casa, como si fuera un zombi, un muerto viviente, será resucitado mediante su presentación eufórica, maníaca, una y mil veces, ante las cámaras del programa sabatino de GH, del Debate, y de muchos otros del mismo canal.

Todo está preparado para que su 'muerte' como morador de la casa se convierta en una alegre sobre-vida, luego de su violenta expulsión. ¿Qué mayor castigo para el narcisismo sobrealimentado 24 horas al día, qué mayor vergüenza para el *self* de un expresor que ser expulsado de la mayor mirada pública imaginable? Aunque el neopersonaje no cae en la oscuridad de donde provino, pues lo acompaña su neocelebridad allí adonde va, por las calles y las ciudades, y programas televisivos de los dos países donde se emite GH, le espera una luminosidad distinta, ajena al orden expresivo, pues ya no gozará más del *index-appeal* que vuelve cada gesto suyo irresistible, cuando éste se manifiesta entre las cuatro paredes perforadas por millones de ojos de GH. Así vuelve liviana y soportable la muerte este programa. Una vez que ha sido alejado el temor a la descomposición, al descontrol y consiguiente dominio de lo orgánico sobre lo humano, podemos asistir con tranquilidad al brillo moderado de estos que pueden salir con vida, aunque maltrechos, luego de recibir en pleno cuerpo el estigma del no deseo, la vergüenza de ser inaceptables para la mirada masiva.

Pero todo tiene un precio. Creo oír la intensidad creciente de la voz de la moral, esa que he intentado acallar hasta este momento, para que la mirada ética pudiera recorrer en detalle el mecanismo de este programa tan popular como tortuoso e inquietante, tal como lo expresaba el ánimo descontrolado de mi conocido, en su llamada nocturna, a poco del inicio de GH, parece hace ya un siglo. ¿Cuál es, en verdad, el precio que debe pagar el público y los protagonistas de un subgénero que aspira a presentar "la vida en directo," durante todas las horas en que transcurre ese proceso? Con una reflexión sobre esa cuestión, voy a cerrar este trabajo.

Primera duda. ¿A qué remite exactamente la expresión 'Gran Hermano'? La frase tiene una pluralidad tácita pero innegable de referentes, he aquí algunos:

a — al equipo de producción a cargo de cada una de las tareas que culmina en la emisión del *reality show*, el encargado de controlar con rigor carcelario su funcionamiento según las reglas globales, y quien graba y exhibe sin cesar trozos selectos de la acción dentro de la casa.

b — al público que presta su mirada y su cuerpo, ya que es incorporado al programa, para co-conducir la trama narrativa de éste.

c — al ganador/a de este "juego," que es el modo en que busca autopresentarse el programa toda vez que puede. "¿Quién será el Gran Hermano de este juego?" repiten eufóricos los debatidores y la animadora central.

d — a la voz que convoca, perentoria y audible para todos los moradores y para el público, al confesionario, la que les anuncia la prueba a superar cada semana, la que denuncia un intento de acuerdo ilícito para nominar de algunos, y la que ofrece una suerte de subtítulo-resumen, como en el cine mudo, para la secuencia que veremos.

e — a la presencia invisible y casi-divina, del interlocutor a quien los prisioneros escopofílicos le dirigen conmovidos su confesión, a quien revelan lo más íntimo de su persona, con la evidente esperanza de ser comprendidos, de ser ayudados en su miseria.

No hay demasiada incertidumbre sobre las opciones a. y d., algo menos claro parece ser la opción b., ya que, sin dejar de ejercer su real poder de mirada constante, el público también se muestra solidario con los ocupantes de la casa, y puede sentirse incómodo con tal designación (GH sería el 'ellos' para el 'nosotros' televidente). Más difícil de decidir aún es la adecuación de la opción c. El que sale último/a de la casa, ¿se convierte en el Gran Hermano, o debe ser percibido como el Gran Vencedor de este poderoso y ambiguo personaje? Alcanza con pensar en el inesperado ganador de la primera emisión de GH en el Río de la Plata: desde su llegada a la casa, Marcelo encarna la mayor ajenidad posible con respecto a Gastón, el sinuoso estratega que ha ido organizando, desde la penumbra de su hábil y seductora manipulación, la expulsión de quienes ha calculado era conveniente expulsar, para asegurar así su propia permanencia en ella. Todo intento por expulsar a este joven de apariencia normal, directo y sin mayor sofisticación, fracasa rotundamente; Marcelo es nominado una y otra vez. La voz del público es inconfundible: los televidentes quieren que él se quede, y la adhesión irá en aumento hasta el apoteósico final, cuando Marcelo es recibido como un verdadero héroe (¿de la norma amenazada por GH?) por una muchedumbre enorme, a la salida de la casa, y donde quiera que él vaya luego. El caso de la opción de la posibilidad e. es quizás el más interesante, pues convertiría a GH en una especie de neoreligión, con su cuidadoso ritual, con sus ceremonias y formas de devoción, y por supuesto, con un muy importante número de acólitos.

No es fácil, entonces, contestar con algún grado de certeza a la pregunta: ¿quién es en verdad el Gran Hermano de este programa? La polisemia o ambigüedad de la frase-título tiene mucho que ver con la ambigüedad del proyecto mismo, de este supuesto "juego," como insisten en llamarlo cada vez que tienen oportunidad de hacerlo sus representantes oficiales, tanto en el *Debate* televisivo, como también en la conducción de la principal emisión semanal, los sábados por la noche. Hablar de GH como si fuera un mero 'juego' no sólo supone una lítote, la figura retórica del empequeñecimiento, destinada a minimizar las facetas más siniestras de este programa, sino que fomenta un equívoco. También la ruleta rusa es, en cierta forma, un juego, pero nadie podría describirla como un 'simple' o 'típico' juego. Entiendo que éste es el caso para el supuesto 'juego' que propone a la teleaudiencia GH.

Mientras escribo esto, ha salido a la luz pública, una investigación periodística que pone en evidencia el contrato casi "esclavista" que Telefé – el canal de televisión argentino que produce y emite GH – hace firmar a los participantes.[12] Entre la larga lista de excesos fla-

[12] La revista de actualidad argentina *Veintitres* (edición del 9/8/ 2001) parodia en su tapa el conocido isotipo de GH, pero en lugar de GRAN HERMANO, leemos GRAN ESCLAVO, y hay una gran imagen fotográfica de dos manos encadenadas, enmarcadas por dos filas de pequeñas fotos de participantes del primer y segundo ciclo de 2001. Dichas imágenes mezclan la primera y segunda 'generación' de GH, pues por su enorme éxito ya lanzó una segunda edición 2001, en el mes de agosto.

grantes en contra de los derechos humanos básicos que expone la investigación, figura la renuncia a todo derecho sobre "su nombre, su imagen, y su voz a favor de terceros"; en el Art. 4°, apartado 1, se estipula que "el participante cede todos los derechos intelectuales en todo el universo." Sin derecho a ninguna contraprestación, es decir, sin poder exigir retribución económica alguna, los prisioneros escopofílicos voluntarios a la salida siguen obligados, por contrato, a prestar o entregar su cuerpo para un desfile interminable por los programas de Telefé (y de ningún otro canal) – al menos hasta que se agote su neocelebridad de caducidad planificada, hasta que la producción haya estrujado la última gota de fama efímera de estos cuerpos extraídos de la casa.

He manejado hasta aquí la tesis del giro expresivo de la humanidad, que rige desde el Romanticismo y que encuentra su eclosión popular en el melodrama, y ahora en un subgénero del *reality show* como GH, al que describí como una melocrónica con sesgo juvenil. ¿Por qué no aplicar la regla expresiva a la propia televisión comercial de comienzos de milenio? El exorbitante contrato de Telefé, probablemente similar al de otros canales del mundo que han producido sus versiones locales de GH, es una expresión de *hubris*, del exceso de una televisión con sueños de omnipotencia, que se siente y actúa como un Estado, o mejor aún, como un Neoestado tiránico, absoluto: el reino de la escopofilia ilimitada con todos los derechos de su parte, y ninguno para sus subordinados o súbditos.

No satisfecho con la entrega total de sus doce víctimas escopofílicas, la televisión comercial exige que ese sometimiento total quede consignado, es decir, escrito y firmado por los doce voluntarios, en un documento impresentable, indecoroso, que pone de manifiesto la dimensión siniestra del programa, la que critican, con razón, los moralistas del mundo.[13] Llama la atención este gesto, más allá del indudable beneficio económico buscado por la empresa

[13] En relación a la versión francesa de *Big Brother, Loft Story*, Ramonet (2001) hace referencia a un auténtico movimiento contestatario que sale a las calles a manifestar su radical oposición a este programa.

de comunicación, en el corto plazo, también existe el riesgo obvio para las relaciones públicas, también cuenta el potencial daño para 'la buena imagen' de un canal familiar, como están posicionados tanto el canal argentino que produce GH, como el uruguayo que lo retransmite en directo. Todo hace pensar en que este contrato implausible, desvergonzadamente esclavista, lesivo para todo derecho laboral, es un *lapsus* de esta industria. El contrato denunciado sustenta la versión caricaturesca del más infame capitalismo explotativo, y le da sólidos argumentos a los críticos de la televisión comercial, en general, y de los *reality shows* como GH, en particular.

Serán míos para siempre, por los siglos de los siglos, parece proclamar con sadismo la normalmente aséptica voz tutelar de la casa de GH, cuando leemos las cláusulas 'legales' del acuerdo entre quienes aceptan ser observados durante ciento doce días, y controlados por el resto de su vida, al menos potencialmente. Que esto no llegue a ocurrir en los hechos no se infiere de ese documento, sino de los probablemente cortos días de fama de los neocélebres de GH, es decir, de una real limitación de los poseedores de esa aura muy caliente que es explotada de modo frenético, antes de que se enfríen los millones de miradas que estos antes oscuros jóvenes de ambos sexos llevan incrustadas en sus cuerpos. Se hace muy difícil sustentar la idea de que se trata de un simple 'juego,' cuando las condiciones contractuales son tan infames y opresivas para los jugadores. Quizás en su mejor hora comercial, la televisión sufre una intoxicación de poder; el altísimo rating le produce megalomanía, y la induce a descuidar las preciosas apariencias, la tan preciada autoimagen de ser una fuente de sana diversión, información y emociones para todos los miembros de la familia. Sin quererlo, esta nueva generación de expresores supremos descubierta, cultivada y comercializada globalmente por la televisión, con un éxito imposible de predecir, ha contagiado de expresivismo al medio más poderoso, lo ha llevado a expresar compulsivamente su propia alma, y lo que se nos revela es muy preocupante.

Mi trabajo comenzó con la evocación de un relato anecdótico de una expresión, de un indicio emocional. La fuerte alteración que expresaba aquella llamada nocturna y urgente de mi conocido, bajo los efectos desestabilizadores del desembarco televisivo de GH, indicaba algo imposible de negar. Había ocurrido un golpe de estado mediático, y ya nada será igual. Se impone hoy comprender los efectos de mediano y largo alcance de este desembarco masivo y ubicuo, que utiliza, como nunca antes, todos los medios comunicacionales disponibles – televisión abierta, Direct TV, chats y otros recursos de Internet, revistas generales y especializadas, más telefonía tradicional. Sólo un estudio sostenido y minucioso de esta múltiple interacción mediática focalizada sobre la interacción social cotidiana, antes sólo cara a cara, nos permitirá entender el real significado de este supuesto juego con lo real. Un juego que se alimenta de cuerpos, indicios, miradas y legítimas ilusiones y anhelos de acceder al *self* auténtico de nuestra modernidad, el *index appeal*, y que expulsa cuerpos de brillo limitado, para seguirlos implacablemente hasta su muerte mediática.

Referencias

Andacht, F. (2001). “Prozac, medios y mafia: el amanecer de una nueva subjetividad”, *Compós 2001*, Brasilia. (inédito)

Ehrenberg, A. (2000). *La fatiga de ser uno mismo. Depresión y sociedad*, trad. Por R.C. Paredes. Buenos Aires: Nueva Visión.

Ellis, J. (1996). “Television as working through.” En J. Gripsrud (ed.) *Media and knowledge. The role of television*. Bergen: University of Bergen Working Papers No.2

Giddens, A. (1991). *Modernity and self-identity*. Stanford: Stanford University Press.

Goffman, E. (1959). *The presentation of self in everyday life*. New York: Doubleday Anchor.

Goffman, E. (1986/orig.1974). *Frame analysis. An essay on the organization of experience*. Boston: Northeastern University Press.

Martín Barbero, J. (1987). *De los medios a las mediaciones. Comunicación, cultura y hegemonía*. Barcelona: G. Gili.

Meyrowitz, J. (1989). *No sense of place. The impact of Electronic Media on Social Behavior*. New York: Oxford University Press.

Peirce, C.S. (1931-58). *Collected Papers of C. S. Peirce Vol. I-VIII*, C. Hartshorne, P. Weiss and A. Burks (eds.). Cambridge, Mass.: Harvard University Press.

Ramonet, I. (2001). "Construcción de celebridades descartables" *Le Monde Diplomatique*, Junio.

Ricoeur, P. (1992). *Oneself as another*, trad. de K. Blamey, Chicago: The University of Chicago Press

Robertson, R. (1994). "Globalisation or Glocalisation?" *The Journal of International Communication* 1 (1): 23-52

Rose, J. (1998). "The Cult of Celebrity" *London Review of Books* Vol 20, No 16, 20 August.

Taylor, C. (1989). *Sources of the self. The making of modern identity*. Cambridge: Harvard University Press.

Thompson, J.B. (1995). *The Media and Modernity. A social theory of the Media*, Cambridge: Polity Press

Williams, R. (1981). *Television. Technology and cultural form*. London: Routledge

Winkin, Y. (ed. y pról.) (1988). *Les moments et leurs hommes*. Paris: Seuil.

A ÉTICA POR INTERAÇÕES NO CIBERESPAÇO

Dênis de Moraes

As mudanças históricas ou tecnológicas não são fatalidades, mas, uma vez desencadeadas, estabelecem novos patamares e configurações de fatos, grupos, processos e circunstâncias, exigindo que o pensamento se reformule em adequação aos novos termos para poder interagir com eficácia no novo contexto.

Nicolau Sevcenko[1]

1. Um ecossistema interativo

Estamos imersos na era das redes digitais hipervelozes, que disponibilizam, incessantemente, informações de acesso imediato, em uma ambiência de usos partilhados e interatividades. Os fluxos infoeletrônicos reconfiguram o campo da difusão simbólica, seja em decorrência da brusca aceleração tecnológica, seja pelas modalidades dialógicas que se manifestam. Essas mutações tecnoculturais requerem uma análise abrangente de questões relacionadas à ética

[1] Nicolau Sevcenko. *A corrida para o século XXI: no loop da montanha-russa*. São Paulo: Companhia das Letras, 2001, p. 55.

comunicacional. Já não vivemos ao alcance apenas do rádio, da televisão, do jornal, da publicidade, do cinema e do vídeo. É preciso considerar as peculiaridades que caracterizam o universo de relações e de valores no ciberespaço.

O que parecia estabilizado entra em ebulição. O fenômeno Internet precipita mudanças de paradigmas que podem ser absorvidas em sintonia com a idéia de humanização da sociedade. Em sua órbita, flutuam instrumentos de inteligência coletiva, que tendem a fomentar, gradual e processualmente, uma ética por interações, assentada em princípios de diálogo, de cooperação e de participação.

A veiculação abundante não somente delineia modos singulares de produção, distribuição e consumo de conteúdos, como sinaliza um realinhamento nas relações dos indivíduos com os canais de enunciação. A imagem clássica dos aparelhos de divulgação no topo da pirâmide e dos receptores confinados na base está se diluindo na arquitetura dos espaços descentralizados da World Wide Web.

Em suas artérias labirínticas, os usuários têm a chance de assumir-se como atores comunicantes, ou, se preferirmos a bela metáfora de Joël de Rosnay, como "neurônios de um cérebro planetário"[2], que nunca pára de produzir, de pensar, de analisar e de combinar. Cada ator inscreve sua identidade na rede à medida que elabora sua presença no trabalho de seleção e de articulação com as áreas de sentidos, que se concretiza nos encadeamentos do hipertexto.

O ciberespaço começa a pôr em xeque a renitente metáfora do Big Brother, que por décadas dominou a teoria crítica no campo da comunicação. A mídia sempre encarnou – e ainda encarna – aquela sinistra figura, dado o seu poder quase absoluto de privilegiar as informações que julga relevantes. A sua supremacia como agente discursivo persiste e provavelmente persistirá, porém não há como negar que resistências à lógica dominante se propagam pela Internet, sem ingerência de governos e corporações empresariais ou militares.

---

[2] Joël de Rosnay. *L'homme symbiotique*. Paris: Seuil, 1995, p. 79.

No cenário que parecia um manjar dos deuses para raciocínios lúgubres e derrotistas, percebemos agora um surto de oxigenação.

A Web proporciona comunicações intermitentes e ultra-rápidas, numa interação entre todos e todos, e não mais entre um e todos. Cada usuário é potencialmente emissor e receptor num espaço qualitativamente distinto. Não é por seus nomes, posições geográficas ou sociais que as pessoas se agregam, mas de acordo com blocos de interesses, numa paisagem comum de sentido e de saber.[3]

A pragmática da Internet desfaz a polaridade entre um centro emissor ativo e receptores passivos. Trata-se de uma nova ecologia comunicacional: todos dividem um colossal hipertexto, formado por interconexões generalizadas, que se auto-organiza e se retroalimenta continuamente. Neste conjunto vivo de significações, tudo está em contato com tudo: os hiperdocumentos entre si, as pessoas entre si e os hiperdocumentos com as pessoas. A partir da hipertextualidade, a Web põe a memória de tudo dentro da memória de todos.

O hipertexto afigura-se como um texto modular, lido de maneira não-seqüencial, composto por fragmentos de informação, que compreendem *links* vinculados a nós. A pessoa tem a alternativa de saltar de uma fonte a outra, em um itinerário sem começo nem fim. Os textos deslizam pelo monitor, em ritmo seqüencial, numa colagem de interferências individuais e coletivas, que facultam novos gabaritos de intervenção por parte dos leitores. Não existem percursos únicos e definitivos para a navegação.

O caráter descentralizado da rede rompe com a submissão a estruturas hierárquicas. Antigas intermediações, pretensamente válidas para todo o tecido sociocultural, não representam mais escalas inevitáveis. No ambiente virtual, com um mínimo de competência técnica, os usuários podem atuar, a um só tempo, como produtores, editores e distribuidores de informações.

---

[3] Consultar Pierre Lévy. *O que é o virtual?* São Paulo: Editora 34, 1996, p. 113. Ler Derrick de Kerckhove. *Connected intelligence: the arrival of the Web society*. Toronto: Somerville House Publishing, 1997.

Sob tal prisma, a Internet abriga um viveiro de infomídias interativas, que estocam, processam e distribuem conhecimentos. Elas diferenciam-se dos sistemas mediáticos tradicionais pelos seguintes quesitos:

1) Não há centros diretivos nem comandos decisórios na Web;

2) A comunicação na Internet é fundada numa reciprocidade com dimensão comunitária. Há a prerrogativa de participação dos receptores, inclusive, em coletividades desterritorializadas;

3) O caráter interativo e multipolar da comunicação virtual rompe com limites demarcados por instituições hegemônicas e pela mídia. Textos, sons e imagens trafegam em grande quantidade pela Internet, sem a obrigação de serem submetidos a filtros de avaliação (conselhos consultivos, editores). Com a diversificação dos pólos de enunciação, produz-se uma redistribuição de dados menos condicionados pelo peso histórico da imprensa e das indústrias culturais;

4) O princípio motriz do ciberespaço – a disponibilização em linha – diversifica as matrizes enunciadoras. Na Web, entra em curto-circuito a concepção de reservar a exposição pública a nomes sacramentados pelo mercado, pela mídia ou pelas esferas acadêmicas;

5) Enquanto a televisão, o rádio e o jornal ordenam o noticiário e as grades de programação em função de suas diretrizes editoriais e ideológicas, as redes computadorizadas impelem-nos a procurar os materiais informáticos nos horários, nas freqüências e nos ângulos de abordagem que desejarmos;

6) A navegação norteia-se por motores de buscas que localizam, na incrível diversidade da rede, *sites* afins com as palavras-chaves indicadas. Cabe aos internautas a postura ativa de peneirar os materiais brutos resultantes das pesquisas, atrás de seus focos de interesse;

7) As relações entre as fontes informativas e os internautas são móveis, interrompidas, retomadas e atualizadas. A ação pode ser contínua, apesar da duração descontínua, como na comunicação por secretária eletrônica ou *e-mail.* A fruição depende do agenciamento de entradas e de saídas, embora os fluxos sejam ininterruptos e deslocalizados.

O ciberespaço configura-se como um universal indeterminado, sem controles aparentes, sem local nem tempo claramente assinaláveis. Congrega forças, ímpetos e desejos contraditórios, com a peculiaridade fundamental – apontada por Pierre Lévy – de universalizar sem totalizar. Na direção aqui indicada, a noção de totalidade tem a ver com a descontextualização dos discursos, que permite o domínio dos significados, o anseio pelo todo, a tentativa de instaurar em cada lugar unidades de sentido idênticas, bloqueando a variedade de contextos, e inibir os segmentos sociais que neles deveriam intervir. Lévy contrapõe ao desvio totalizador a vitalidade da cibercultura, que "inventa uma forma de suscitar uma presença virtual da humanidade diante de si mesma, diversa da imposição de uma unidade de sentido". O monolitismo semântico perde consistência na medida em que a universalidade do ciberespaço favorece a aproximação dos seres humanos, em um meio ubíquo, paradoxalmente operado por uma tecnologia real.[4]

4. O consenso nos coletivos virtuais

Uma das pedras angulares da Internet reside no fato de constituir uma esfera pública não-sujeita a regulamentações externas. Os estatutos éticos das comunidades virtuais se esboçam no interior de seus cosmos produtivos, por motivações cooperativas e coordenações de anseios individuais.

A inexistência de um comando central não impede que as coletividades construam suas estruturas de conhecimento. Como já dito, no ciberespaço as partes são fragmentos não-totalizáveis, isto é, não-

[4] Emprego os termos ciberespaço e cibercultura nas acepções propostas por Pierre Lévy. Ciberespaço é o novo meio de comunicação que emerge da interconexão mundial das redes de computadores. Engloba não somente a infra-estrutura material da comunicação digital, como também o oceano de informações que abriga ao mesmo tempo os seres humanos que por ele navegam e o alimentam. Cibercultura designa o conjunto de técnicas materiais e intelectuais, de práticas, de atitudes, de modos de pensar e de valores que se desenvolvem paralelamente ao crescimento do ciberespaço. Ver Pierre Lévy. *Cyberculture. Rapport au Conseil de l'Europe.* Paris: Odile Jacob, 1997, p. 17.

sujeitas a um todo uniformizador de linguagens e concentrador de poderes, que anula inevitáveis disparidades de interpretação. As relações entre as partes reinventam-se, em densidade e em extensão, sem que umas se sobreponham ou subjuguem as demais.

Cabe à capacidade cognitiva dos indivíduos determinar como se vão rearticular as conexões nos acervos escolhidos. A Web inverte a lei das mídias convencionais: o valor de uso é obtido na relevância de cada ligação, e não pelo consumo de denominadores comuns, indispensáveis à coesão da audiência de massa.

Pessoas, grupos ou entidades movem-se na Web de acordo com seus valores e conveniências, consignados em escolhas individuais ou comunitárias. Os usuários formam comunidades autônomas, de tamanhos substantivos e predispostas a respostas a estímulos associativos. Devemos percebê-las como moléculas e partículas que inscrevem valores, em um campo aberto à repartição de gostos e aspirações.

O diferencial da Internet consiste em que as comunidades virtuais, enquanto células independentes ou interdependentes, definem e objetivam valores éticos e códigos informais de conduta. As regras não provêm de fora, das estruturas de poder; devem ser aceitas por consenso e adaptadas às práticas e tradições dos grupos. Coletivos virtuais geralmente privilegiam coexistências regidas não mais por princípios genéricos, e sim pelo ideal de harmonização de perspectivas individuais no seio de grupos afins, favorecendo a reelaboração sistemática de premissas e competências.[5]

A singularidade de disponibilizar, em qualquer espaço-tempo, variadas atividades e expressões de vida, sem submetê-las a hierarquias de juízos e idiossincrasias, gera outro fenômeno sociocultural. Aprofundam-se na Internet as experiências de defesa da cidadania e dos direitos humanos, de promoção de postulados éticos e de revalorização da sociedade civil como espaço político por excelência. Organizações não-governamentais valem-se da Internet enquan-

[5] Ler Paul Mathias. *La cité Internet*. Paris: Presses de Sciences Po, 1997, p. 52-53.

to canal público de comunicação, livre de regulamentações e controles externos, para disseminar informações que contribuam para o fortalecimento da cidadania e para uma melhor qualidade de vida.

O ativismo passa a contar com ferramentas de intervenção e politização como o correio eletrônico, grupos de discussão, fóruns, salas de conversação, boletins, manifestos *on-line*, murais, anéis de *sites* e árvores de *links*. Tais recursos somam-se a assembléias, passeatas, atos públicos e panfletos.

As redes de ONGs estruturam-se a partir de coalizões sobre objetivos concretos, ou seja, constituem-se em torno de valores e projetos específicos. Interligam reivindicações antes dispersas, no compasso de causas que se globalizam (combate à fome, defesa do desenvolvimento sustentável, preservação do equilíbrio ambiental, direitos humanos, democratização do acesso à informação). Basta citar as campanhas virtuais levadas a efeito por ONGs globais como Anistia Internacional e Greenpeace, bem como a repercussão pela rede das manifestações contra o neoliberalismo, o Fundo Monetário Internacional e o G-8, em Seattle, Nice, Washington, Quebec, Praga, Davos e Gênova. A finalidade é clara: questionar hegemonias constituídas e pregar um outro mundo, mais justo e solidário.[6]

5. Pressupostos para a cibercidadania

A ausência de ditames governamentais é decisiva para a Internet consolidar-se como canal planetário de informações e idéias. Implica protegê-la de comandos centrais e de estatutos regulatórios que afetem a sua autonomia. Significa empenhar forças para que ela se localize fora do raio de alcance de direções morais e aprisionamentos de qualquer espécie. Significa recusar qualquer camisa-de-força que sufoque a sua extraordinária gama de diversidades.

---

[6] Sobre os movimentos sociais na Internet, consultar Dênis de Moraes. *O concreto e o virtual*, ob. cit., p. 125-148. Ler ainda Manuel Castells. "Internet y la sociedad red", *Etcétera*, México, maio de 2001.

Críticos moralistas agarram-se à convicção de que o caos da Internet dispensa responsabilidades individuais e grupais, estimulando a permissividade. É o caso de indagar: como esperar uma pureza infinita, se a sociedade contemporânea está permeada de abusos insuportáveis por metro quadrado (desemprego estrutural, brutal concentração de renda, violência, criminalidade, corrupção)? Por que a Internet, sendo uma projeção da inteligência humana, com interfaces cada vez mais próximas entre as mentes e as tecnologias, deveria ser exceção?

Para assegurar a liberdade na rede, sem dúvida precisamos coibir com rigor as atitudes deletérias, as fraudes e o terrorismo, sem, todavia, institucionalizar regimes de censura e desrespeito à privacidade. As legislações sobre proteção do consumidor e direitos de propriedade intelectual na Web devem ser aperfeiçoadas, assim como os softwares que bloqueiam o acesso a conteúdos perniciosos (pornografia infantil, preconceitos raciais e sociais). Instâncias governamentais, policiais e judiciárias especializam-se na investigação e na repressão a práticas ilícitas, mas ainda há um longo caminho a percorrer.

Estudo da consultoria McConnell International para a Organização das Nações Unidas, divulgado em dezembro de 2000, revela que as legislações da maioria dos 52 países pesquisados pouco fazem para deter a criminalidade digital. Trinta e três nações não atualizaram suas leis. Outras dez enquadraram pelo menos cinco crimes listados pela pesquisa, enquanto nove disseram estar preparadas para levar a juízo seis ou mais tipos de delitos. A legislação norte-americana cobre nove dos dez itens. Apenas Filipinas promulgou leis que cobrem todos os crimes. Entre os países avaliados, estão Albânia, Austrália, Brasil, Canadá, Chile, Dinamarca, Egito, EUA, França, Filipinas, Gâmbia, Índia, Irã, Itália, Japão, Líbano, Marrocos, Nova Zelândia, Nicarágua, Peru, Polônia, Vietnã e Zâmbia.

Interferências políticas e governamentais também nos levam a crer que a defesa da liberdade de expressão na Web será árdua e prolongada. Conforme o relatório anual da organização civil Reporters Sans Frontières, divulgado em dezembro de 2000, 45 países controlam o acesso à Web, "dos quais 20 podem ser qualificados como autênticos inimigos do novo meio de difusão". Diz o documento: "Sob o pretexto de proteger o público contra 'idéias subversivas' ou de garantir a segurança e a unidade nacionais, alguns regimes impedem completamente que seus cidadãos utilizem a Internet." Os 20 países que adotam medidas coercitivas (desde controle total das conexões à censura de conteúdos, sem falar em punições aplicadas a usuários) são: China, Cuba, Coréia do Norte, Arábia Saudita, Iraque, Irã, Belarus, Líbia, Serra Leoa, Síria, Myanmar, Sudão, Tunísia, Vietnã, Usbequistão, Turcomenistão, Tadjiquistão, Azerbaijão, Cazaquistão e Quirguistão.[7]

Na Arábia Saudita, menos de 0,4% da população conseguem navegar. Embora 37 empresas tenham autorização para oferecer serviços de Internet, todo o tráfego passa pelos servidores de um organismo estatal, a Cidade das Ciências e da Tecnologia, equipados com dispositivo que exclui *sites* que estariam veiculando "informação contrária aos valores islâmicos". No Irã, não se pode falar de sexualidade e religião, nem criticar a República Islâmica, ou divulgar informações sobre Israel e Estados Unidos. Na Síria, a Web está proibida a particulares. Qualquer infração é punida com penas de prisão. Só as instituições oficiais podem conectar-se através do Organismo Público de Telecomunicações. Os dois provedores da Tunísia são privativos do governo, o mesmo acontecendo com o único disponível no Sudão. Iraque, Coréia do Norte e Líbia adotam como política de Estado manter a população fora da rede. As poucas páginas da Coréia do Norte destinadas às representações diplomáticas estão instaladas em servidores do Japão. O Iraque segue o exemplo, com hospedagem na Jordânia. No Vietnã, é preciso obter autorização do Mi-

[7] O relatório da Reporters Sans Frontières está disponível em www.rsf.fr. A organização tem enviado aos 20 países infratores apelos para que suprimam o monopólio de acesso à Web, cancelem a exigência de registro de usuários em repartições estatais, suspendam a censura a conteúdos e o bloqueio de *sites* hospedados em servidores do exterior, assegurem privacidade ao correio eletrônico e aos intercâmbios efetuados pela rede e anulem os processos judiciais contra pessoas que tenham se limitado a exercer seu direito à livre expressão.

nistério do Interior. Um dos provedores estatais bloqueia *sites* de associações de vietnamitas que vivem no exterior, assim como os de entidades internacionais de defesa dos direitos humanos.

Em Cuba, os serviços de Internet são gerenciados pelo Centro de Intercâmbio de Informação Atualizada (CIIA), subordinado ao Ministério de Ciência, Tecnologia e Meio Ambiente. O acesso está praticamente limitado a instituições acadêmicas, agências governamentais, missões diplomáticas, empresas estatais e jornalistas estrangeiros. Segundo a consultoria norte-americana Nua Internet Surveys (www.nua.com), em abril de 2000 havia 60 mil usuários (0,54% da população). Menos de 2% dos 11 milhões de habitantes têm computadores, geralmente antiquados. O rígido decreto-lei 209, de 1996, dispõe-se a "assegurar que a informação difundida [em redes informáticas de alcance global] seja fidedigna, e que a informação obtida corresponda à nossa ética e não afete os princípios e a segurança do país".

A Nua Surveys informa que, em julho de 2000, existiam 16,9 milhões de pessoas em rede na China, o que representa 1,34% da população. A maioria dos internautas é formada por jovens. O governo exerce vigilância estrita sobre os usuários, obrigando-os a se registrarem em organismos estatais, sob a patética alegação de que "a Internet é usada para divulgar coisas nocivas e obter segredos de Estado". As páginas da BBC de Londres e da CNN freqüentemente sofrem censura. Em novembro de 2000, as autoridades anunciaram que a divulgação de notícias da mídia internacional ficará sujeita a permissão especial.[8]

O Ministério da Segurança Pública da China mantém em vigor um regulamento que especifica "delitos virtuais", como o vazamento de informações confidenciais, a "subversão" política e a difusão de material pornográfico. As penas variam de "castigos penais" não especificados a pesadas a provedores e internautas. Entre os alvos da repressão chinesa, estão os movimentos separatistas do Tibet e da região muçulmana de Xinjiang, e grupos dissidentes, que em suas páginas criticam o governo.

---

[8] Greg Baker, "China e democracia virtual", *Associated Press*, 10 de dezembro de 2000.

O relatório da Reporters Sans Frontières assinala que a Internet coloca regimes autoritários diante de um dilema: "Em primeiro lugar, [a rede] permite que qualquer cidadão desfrute de uma liberdade de palavra sem precedentes nesses sistemas políticos, a qual [a liberdade] representa uma ameaça para eles; em segundo lugar, significa um fator de desenvolvimento econômico graças ao correio eletrônico e ao intercâmbio de informação técnica e científica, induzindo alguns desses regimes a fomentar o crescimento da rede".

Na vastidão da Web, é quase impossível silenciar a exposição de dados, sons e imagens. Embora não impeça, a sua conformação universal e multipontual dificulta controles ideológicos. O documento da Reporters Sans Frontières destaca que internautas acabam encontrando modos de burlar a censura, seja por correio eletrônico, pela hospedagem de páginas em servidores de outros países ou ainda pelas conexões através de linhas telefônicas internacionais via satélite ou por aparelhos celulares.

Outra exigência é combater a infoexclusão de populações de baixa renda, sobretudo nos países periféricos. Hoje, o acesso permanece concentrado nas camadas de maior poder aquisitivo e nos países mais desenvolvidos – o que estende à Internet desigualdades sociais do mundo concreto. Segundo a Nua Surveys, 75% dos 407,1 milhões de internautas existentes em novembro de 2000 viviam em dez países: Estados Unidos, Japão, Alemanha, Reino Unido, China, Coréia do Sul, Itália, Canadá, Brasil e França. A concentração acentua-se por continentes: enquanto a América do Norte somava 168 milhões de usuários, seguida por Europa (114 milhões) e Ásia-Pacífico (105 milhões), Oriente Médio e África limitavam-se a irrisórios 2,4 milhões e 3,5 milhões, respectivamente. A América Latina não passava de 17 milhões de internautas, numa população de quase 500 milhões de habitantes. Estes 17 milhões soam inexpressivos se lembrarmos que, em julho de 2001, havia, somente nos EUA, 16 milhões de hispano-americanos com acesso à Web (metade da população latina daquele país).

Vejamos o caso particular do Brasil. Embora seja líder na América do Sul, com 10 milhões de usuários (5,9% da população), a maior parte dos internautas pertence às classes A e B e se aglomera nas regiões Sudeste e Sul. Dos mais de cinco mil municípios, pouco mais de 300 estão conectados à Web.[9]

Existe outra variante de infoexclusão. A busca, a localização, o processamento e a assimilação das informações disponíveis na rede dependem das capacidades educacionais e culturais dos usuários. Como variam bastante os níveis de instrução de região para região, em face das desigualdades sociais, a transformação em conhecimentos dos dados *on-line* se diferencia bastante em função da qualificação de cada segmento. Por enquanto, não há como discordar de Dominique Wolton quando sustenta que "o acesso direto não suprime a hierarquia do saber e dos conhecimentos".[10]

3. A confluência do real e do virtual

Importante ressaltar que não concebemos o ciberespaço como uma esfera autônoma, divorciada das realidades socioculturais. Embora a práxis virtual seja pautada por especificidades, há uma relação de complementaridade com o real, viabilizada pela progressiva convergência tecnológica.

Marc Guillaume salienta as confluências possíveis entre os padrões clássicos de interação social e as redes eletrônicas: "A rede social preexistente pode melhorar seu desempenho através da rede técnica, mas esta última não pode por si mesma criar uma rede social. Está claro também que o bom uso das mídias comutativas passa pelas complementaridades e hibridações, permitindo combinar automatismos e inteligência humana, rapidez de informação e vagar na assimilação e na formação."[11]

---

[9] Robinson Borges, "Realidade virtual em xeque", *Valor Econômico*, 24.11.2000, p. 17.

[10] Dominique Wolton. *Internet et après? Une théorie critique des nouveaux médias*. Paris: Flammarion, 1999, p.89.

[11] Marc Guillaume. *L'empire des réseaux*. Paris: Descartes & Cie, 1999, p. 72.

Os processos de significação não se anulam, eles se acrescentam e muitas vezes se mesclam. O jornalismo impresso coexiste com a televisão, a multimídia e a realidade virtual. Assim como a imprensa não suprimiu os manuscritos. O livro foi combatido pelos epígonos da cultura elitista da Idade Média. Os benefícios da impressão mecânica não se impuseram de imediato. Durante muito tempo ela dividiu a cena com os pergaminhos, até se consolidar como meio que possibilita uma circulação social rápida, barata e abrangente. As sociedades valem-se de distintas tecnologias, ao mesmo tempo. Uma forma de comunicação existente ou emergente não subsiste sem a outra; a tendência é a convergência de processos e práticas, a partir de inovações que desencadeiam um realinhamento do sistema, a fim de garantir a sobrevivência em ambientes de constantes modificações e reciclagens.[12]

Os suportes são empregados em função de seu uso social. A escrita manual relaciona-se à comunicação pessoal, enquanto o computador é utilizado com freqüência no trabalho, de diversas maneiras, e para a informação e o entretenimento, através das redes informáticas, do CD-ROM e de jogos eletrônicos. Para o contato instantâneo à distância, o telefone continua insuperável. Outras circunstâncias pedem o fax, o correio eletrônico, o *pager* ou a carta registrada.

Apesar de todo esse realinhamento tecnológico, não precisamos abrir mão do agradável ritual da leitura de páginas impressas para navegar por *homepages* e publicações eletrônicas – são viagens sensíveis distintas, cada qual com seus percursos e fruições, com a vantagem adicional de uma complementar a outra.

A cibercultura não se superpõe às culturas preexistentes, nem as aniquila. A dialética ativa desdobramentos e remissões; no lugar de divisões e estacas demarcatórias, estabelecem-se os nexos, as bricolagens e as hibridações. É exatamente o que testemunhamos na Internet. O seu ecossistema multimídia revela alto grau de adaptação a um tipo de comunicação que combina modelos da imprensa escrita

---

[12] Ver Roger Fidler. *Mediamorphosis: understanding new media*. Califórnia: Pine Forge Press, 1997.

(jornais, revistas) com a dinâmica audiovisual (imagens, sons, vinhetas, animação eletrônica). Um portal pode somar e disponibilizar televisão, rádio, vídeo, DVD, música, cinema, noticiário em tempo real, arquivos sonoros, jogos, livros, revistas, jornais, fotografias, arte interativa, museus, cartões em 3D, publicidade *on-line* e comércio eletrônico. Praticamente todas as mídias numa única plataforma digital.

Seria, afinal, um equívoco encarar a Internet como um mercado paralelo e estanque, dissociado das demais mídias e das conjunturas sociais. Não entrosá-la àquelas instâncias equivaleria a entendê-la como fim e não como um meio para se atingir metas maiores. Haveria o risco de, paulatinamente, ela perder significado histórico e importância cultural. A sua pujança provém de entrelaçamentos de toda ordem.

6. Conclusões provisórias

A Internet constitui uma vida comunitária regulada por interações, e não por leis, decretos e portarias. Longe de dispensar os indivíduos de deveres éticos, o ciberespaço propõe uma coexistência auto-regulada. Longe de padronizar condutas com base numa "maioria moral" (normas e interdições a serviço das totalidades dominantes), a ciberética apóia-se em regras e valores consensuais estabelecidos pelas células de usuários, respeitando-se a pluralidade de contextos, os projetos societários e, acima de tudo, a liberdade de expressão.

Manuel Castells sublinha a importância estratégica de "se utilizar o enorme potencial da Internet, por exemplo, para reviver a democracia, não enquanto substituição da democracia representativa por meio do voto, e sim para organizar grupos de conversação, plebiscitos indicativos e consultas sobre distintos temas, disseminando informações na sociedade".[13] Significa realçar a sociedade civil como espaço político por excelência, fazendo-a ressurgir do declínio imposto pela hegemonia neoliberal.

---

[13] Manuel Castells, em entrevista a René Lefort, "El nuevo papel del ciudadano ante la revolución de Internet", *Correo de la Unesco*, outubro de 1999.

O quadro de expectativas e esperanças aqui apresentado não deve, entretanto, alimentar ilusões. Em primeiro lugar, porque necessitamos amadurecer propostas de comunicação eletrônica e conciliá-las com demandas do público-alvo. Em segundo, porque nos deparamos com um fenômeno a um só tempo hiperveloz (devido à expansão tecnológica) e lento (por conta de hábitos culturais e políticos nem sempre fáceis de atualizar). Em terceiro, porque os usos e apropriações da Web são diferenciados, não formam um todo coeso e harmônico, por mais que os coletivos virtuais fortaleçam afinidades.

Não se trata, portanto, de transformar a Internet em fonte de todas as virtudes. Muito menos de sonhar com um Eldorado digital, habilitado a suplantar o poderio da grande mídia. Seria tolice subestimar o predomínio das corporações multimídias numa época de transnacionalização e oligopolização das indústrias de informação e entretenimento.

Ao ressaltar a consolidação da Internet, quisemos chamar a atenção para as potencialidades que se entreabrem no âmbito virtual, fundadas em práticas interativas e não submetidas aos mecanismos de seleção da mídia. Rapidez, disponibilização ininterrupta, difusão descentralizada, estímulo à liberdade de criação, percursos imprevistos de leitura hipertextual, grupos de discussão, correio eletrônico, fóruns, anéis colaborativos, salas de conversação, conteúdos ilimitados – eis alguns traços marcantes da nova pragmática de expressão e difusão.

Há muito a fazer para universalizar as conexões e os usos sociais da Web. É urgente mobilizar a sociedade civil mundial para a definição de políticas públicas supranacionais que favoreçam a generalização dos acessos. Isto dependerá, principalmente, da superação das desigualdades socioeconômicas e dos desníveis culturais. Do mesmo modo, será preciso conter a onda de mercantilização que assola a rede, o que implica capacidade de acumular forças para enfrentar o poderio dos conglomerados que exploram a economia digital. Sem contar a dificuldade de se estabelecerem marcos regulatórios democráticos em um meio fluido e multifacetado.

Não ignorando os obstáculos que se interpõem, penso que a Internet se insinua como um dos principais meios para a construção de uma cultura de solidariedade social, baseada em uma ética de reciprocidades entre os sujeitos comunicantes. Digo *um dos principais meios* para reiterar que não entendo o ciberespaço como uma esfera dissociada dos embates sociais concretos. Volto a dizer que percebo uma relação de acréscimo e de sinergia entre o concreto e o virtual, resultante, de um lado, da progressiva hibridação tecnológica e, de outro, do somatório de possibilidades que nenhuma das partes, isoladamente, alcançaria.

Na vertigem dos nós, um número cada vez maior de informações tenderá a ser produzido, veiculado, lido e analisado, numa prova evidente das interseções possíveis entre real e virtual, dentro de um conjunto de ambientes integrados e auto-ajustáveis, sob a primazia da inteligência humana. Esqueçamos as referências imutáveis, o apego a crenças enrijecidas que conduzem a dogmatismos. Optemos por uma dialética de fertilizações mútuas entre o real e o virtual.

POR UM JORNALISMO AUTO-REFLEXIVO

Mohammed Elhajji

1. A natureza do debate

O atual debate teórico-empírico em torno da questão da formação e da prática do profissional de comunicação é, a mais de um título, sintomático e revelador do profundo mal-estar que marca a relação entre a sociedade contemporânea e suas instituições. Um dos fatos que chamam a atenção, a este propósito, é a naturalização de um certo discurso hegemônico de tecnicização do ensino universitário e de sua adequação total e exclusiva ao mercado, no sentido de escamotear a figura do jornalista autor e ator social e substituí-la pela categoria anônima e impessoal do técnico de comunicação. De fato, ao mesmo tempo que a informação se torna o bem mais valioso da atualidade, a máquina tecno-capitalista elabora poderosos mecanismos e estratagemas organizacionais de desregulação (leia-se desumanização/despersonalização) das instâncias de produção e de difusão dessa mesma informação.

Não se trata de negar o fato capitalista em nossa realidade ou a galopante tecnologização das ciências e outras áreas do saber sob a pressão das injunções tanto sociais quanto filosóficas e epistemológicas próprias à época pós-moderna[1]. Porém, tampouco se pode abdicar do

[1] LYOTARD, J-F. A Condição Pós-Moderna. Edit. J. Olympio.

papel social e da responsabilidade política da instituição universitária na formação não apenas do profissional ou do consumidor, como também do indivíduo, do sujeito, do ator social e do cidadão. Assim, nos países socialmente mais avançados, vários centros acadêmicos estão adotando abordagens pedagógicas complexas e multifacetadas, nas quais os fatores humanos, sociais e culturais são levados em conta, incentivados e considerados um trunfo que não pode ser desprezado.

Essa revisão do conceito educativo e a superação de sua acepção meramente utilitária e instrumental é, muitas vezes, ditada pelo próprio mercado; já que ficou bem claro que, no presente cenário de velozes mudanças socioeconômicas, a eficiência, a competência e a competitividade não podem ser alcançadas pela extrema especialização do profissional, mas, ao contrário, por sua polivalência ou até ambivalência – sinônimos da capacidade de adaptação e inovação por parte do "*cognitariado*". Além do mais, a *démarche* obsessivamente tecnicizante ou tecnologizante da formação profissional se revela inoperante na medida em que as novas tecnologias de comunicação são, justamente, extremamente volúveis e cada vez mais conviviais e fáceis de usar. Portanto, o que adianta centrar todo o esforço do ensino e da formação nessas tecnologias se, de certo modo, são, *por natureza*, fadadas a uma rápida e inevitável obsolescência técnica, proporcional à sua progressiva vulgarização social e acessibilidade econômica?

Por outro lado, há de se lembrar que o conhecimento, sob todas as suas formas humanas, nunca é apenas técnico, mas, sim, fundamentalmente social e empírico, frutificado na vivência e na experimentação individuais e coletivas. A própria técnica e a própria tecnologia são, na verdade, reflexos discursivos e epistemológicos do terreno social, cultural e político, no qual a informação, o conhecimento e o saber desvelam a sua essência e alcançam a sua concretude. O que significa que, inversamente, a sua eficácia é necessariamente condicionada pela capacidade do profissional e do estudioso de permitir a sua reelaboração, reapropriação e seu metabolismo pela textura social, cultural e política que liga o emissor-produtor ao público-usuário e constitui seu pano de fundo histórico.

Com efeito, não há prática científica ou técnica significante possível fora do contexto histórico geral que a organiza socialmente, a estrutura discursivamente e lhe dá seu sentido ideológico e político final. Que se trate de medicina, de matemática, de história ou de sociologia, a relação é exatamente a mesma: a competência do técnico, do especialista ou do cientista não pode ser dissociada de sua aptidão de se abrir para o mundo, de ter ciência de seu lugar no mundo e de antever o significado social, cultural e político de seus atos e gestos.

Quando o assunto é uma prática tão enraizada na filosofia humanista como o jornalismo ou as comunicações em geral, a argumentação só ganha mais peso e mais pertinência ainda. Tanto a formação quanto o exercício do jornalismo não podem, em hipótese nenhuma, ser desmembrados do quadro social, cultural e político no qual e pelo qual eles vivem e se desenvolvem. Colocando a questão de maneira mais didática, pode-se afirmar que não se trata apenas de ensinar ou aprender "como dizer", mas sim "o que dizer" e as implicações e os desdobramentos deste dizer; a priori quando sabemos da dimensão política do justamente chamado "quarto poder". Ou seja, o que o jornalista e o estudioso devem buscar é a conformação de um verdadeiro "*weltanschauungde*", uma percepção do real lúcida, crítica e consciente, capaz de produzir um sentido efetivo, fruto de uma visão complexa e abrangente do mundo, que supera e transcende a sua apresentação formal, momentânea e parcial.

Qualquer um que exerceu ou exerce o jornalismo sabe muito bem que os aspectos mais técnicos da profissão são, paradoxalmente, os mais fáceis de aprender; enquanto a pertinência e a originalidade do olhar e do ponto de vista, a perspicácia da análise e da argumentação são muito mais difíceis de construir e de adquirir. É que o olhar de que se trata não consiste numa habilidade meramente mecânica ou sistêmica, mas, sim, numa verdadeira faculdade cognitiva de apreensão do real de maneira clara e esclarecida, a partir de uma perspectiva total, coesa, coerente com o mundo e estruturada em função de seus múltiplos significados. Até os aspectos mais técnicos da atividade comunicativa requerem, na prática, um "*despertar situacional*", uma real capacidade de simbolização e de significação para poder dialogar e interagir com o público e a sociedade em geral. Dito de outra maneira, o nosso dizer só alcança toda a sua potencialidade e adquire seu sentido pleno na medida em que somos capazes de refletir sobre o próprio significado de nossos modos de dizer.

Portanto, é imprescindível que o profissional situe a sua atuação na esfera da linguagem e tome consciência da natureza semântica, semiótica e ideológica de seus atos. Se o mundo (o conjunto dos fatos que compõem a nossa realidade) pode ser considerado um (inter)discurso ou um (hiper)texto a ser decifrado e decodificado, a nossa leitura deste mundo, por sua parte, pode e deve ser lida e analisada em suas várias e variáveis dimensões (sociológica, histórica, política, psicológica, etc...). O que implica que o profissional seja capaz de produzir continuamente a sua "*auto-hermenêutica*" para nunca deixar de ter uma compreensão plena do significado de cada um de seus gestos. Seu lema permanente deve ser que não há fato gratuito, mas apenas atos significantes premeditados e inteligíveis ou falhos – portanto, nos dois casos, passíveis de diversas interpretações e cobranças.

2. A linguagem como campo de ação

Quando se analisa a questão da formação no campo das ciências sociais, geralmente, se divide esse processo esquemática e artificialmente em duas facetas: a técnica e a teórica. A idéia proposta aqui, todavia, objetiva apontar uma outra esfera do fato profissional total. Esta esfera que, ao mesmo tempo, transcende e abrange as duas categorias, pode ser definida como uma aptitude à "*auto-reflexividade*"; uma consciência da consciência que, de certo modo, analisa e decodifica o próprio significado dos atos de significação. Além de saber o "*que dizer*" e dominar o seu "*como dizer*" a um primeiro e segundo nível de seu consciente, a faculdade "*auto-reflexiva*" deve permitir ao profissional ter permanentemente em mente, de maneira clara e límpida, o significado político e ideológico exato de seus próprios modos de dizer.

É como se o jornalista (ou o cientista social de maneira mais geral) pudesse desenvolver um tipo de "*esquizocepção*" funcional induzida (uma percepção esquizóide/fendida no sentido positivo dado à esquizofrenia pela esquizo-análise) que lhe permitisse ao mesmo tempo pensar o que dizer, como dizê-lo e examinar os significados possíveis desse seu modo de dizer e seu dizer no contexto geral e metadiscursivo de sua fala. Esse processo de transdução dos elementos constitutivos dos campos técnico e teórico e sua comutação metalingüística significa que se o profissional deve ser ciente de sua responsabilidade social e política naquilo que ele diz e como ele o diz, ele tem, antes, de ser ciente que essa responsabilidade é da ordem da linguagem nas suas várias dimensões e seus múltiplos desdobramentos.

Não é preciso lembrar a importância fundamental da linguagem para a compreensão de qualquer ação humana, já que ela constitui a interface simbólica universal que intermedia a nossa relação com o mundo e sem a qual não nos seria possível nenhuma representação ou apreensão inteligível do mundo real fenomenológico. A equação "sensível/inteligível", que estrutura toda a filosofia ocidental, significa que a linguagem é o único quadro sócio-simbólico no qual e pelo qual a realidade pode ser elaborada e configurada. Isto não quer dizer apenas que a linguagem é indispensável para a representação do real, mas, antes, que toda apreensão do real passa necessariamente pelo filtro semântico e ideológico da linguagem. Na filosofia e nas ciências humanas e sociais modernas (que se trate de Wittgenstein, Derrida, Habermas, Geertz, Deleuze ou Lacan), a linguagem é a questão central sem a qual não há possibilidade de pensamento ou de reflexão e, por isso mesmo, é o primeiro aspecto de toda problemática a estudar, senão *a problemática* a ser explorada para o entendimento de qualquer fato social ou humano que lhe é, necessariamente, subseqüente.

A centralidade do fato lingüístico em todos os sistemas de conhecimento e nas próprias relações sociais e humanas leva, naturalmente, a se questionar a possibilidade de apreensão pura e fiel do real, assim como o mito da objetividade nos processos comunicacionais, já que, como afirma Humberto Maturana, "tudo que é dito é dito por um observador"[2], logo por um sujeito ele mesmo discursivamente constituído. Ou seja, tudo que dizemos ou observamos é apenas uma reconstrução simbólica-sígnica do fato em si que, de qualquer maneira, não nos é permitido acessar imediatamente (sem intermediação), na medida que o nosso pensamento ou até nosso inconsciente são estruturados pela linguagem e pela língua. Ora, se o texto, o discurso, a fala e a linguagem não nos trazem a realidade, mas sim a reconstroem em função dos quadros culturais e ideológicos que os constituem e dos quais são constitutivos, a pergunta que o profissional da comunicação e o estudioso das ciências sociais em geral devem se colocar é relativa à verdadeira função de toda narrativa e seus aparatos discursivos e enunciativos.

3. Andaime simbólico

No jornalismo como nas ciências sociais em geral, o fato de o texto (seja ele reportagem, relato ou análise) ser, primeiramente, esboçado a partir de técnicas de observação, descrição e interpretação institucionalmente elaboradas, paradigmaticamente aceitas, consagradas por tradições e políticas científicas determinadas e apoiadas na vivência do fenômeno estudado a partir do ponto de vista teórico, pessoal e/ou cultural do profissional, descarta de antemão qualquer ilusão de objetividade, neutralidade, imparcialidade ou universalidade. Já no seu nível formal de unidade textual acabada, ele é fruto de um conjunto de técnicas retóricas de enunciação, relação e síntese que permitem a reelaboração dos fatos observados, deduzidos ou interpretados, e a sua codificação e moldagem no quadro escritural que conhecemos e que, de fato, não passa de representação de uma representação inicial.

Além de este longo processo de simbolização e re-simbolização deixar evidente que o texto acabado é apenas uma leitura dentre várias possíveis e que o sentido por ele liberado é longe de ser idêntico

[2] MATURANA, Humberto. Da Biologia à Psicologia. Edit. Artes Médicas.

ao da realidade estudada, a existência desses dois níveis de representação significa que a construção semântica/sintática conformada na superfície textual oferece necessariamente infinitas possibilidades de leitura e de análise. Esta "analisabilidade" de qualquer análise ou releitura de qualquer leitura, *ad infinitum*, que põe um termo a toda veleidade do texto poder nele conter o real ou dele dar conta, constitui, na verdade, um ponto central para a compreensão do princípio narrativo de todo sistema de idéias, conforme a frase lapidar de Maturana anteriormente citada.

Uma ilustração perfeita desta recursividade de toda textualidade pode ser encontrada na análise de Paul Ricoeur[3] à análise do "Moisés" de Michelangelo feita por Freud, como pode ser reforçada pela asserção relativista de Geertz[4] que admite claramente que todas as leituras ou análises oferecidas pelas ciências sociais são sujeitas a novas leituras e reinterpretações. Ou seja, segundo este percurso reflexivo, pode-se afirmar que, de fato, não existe texto definitivo e final, mas, sim, uma infinita espiral discursiva que sempre nos remete a nós mesmos[5], a nosso momento histórico e a nosso lugar social.

O próprio processo de construção do andaime semântico e simbólico (observação, análise e interpretação), que vai dar a sua configuração de base ao texto, é comparável à leitura de um discurso. A idéia de discurso, todavia, não deve se restringir ao texto escrito ou falado, mas, sim, ser ampliada, na linha estruturalista, ao megadiscurso sociocultural que sustenta qualquer organização humana. Com efeito, apesar de não serem sistemas unívocos e fechados, as manifestações culturais conteriam nelas um conjunto de indícios materiais e simbólicos bastante precisos e unidades significantes identificáveis que se deve saber articular para poder descobrir a sua gramática e lê-las.

Daí a tentação de considerar que todo sistema social ou cultural constitui em si, à maneira dos discursos lingüísticos, uma estrutura

---

3 RICOEUR, Paul. De l'Interprétation. Essai sur Freud.

4 GEERTZ, Clifford. Nova Luz sobre a Antropologia. Edit. J. Zahar.

5 LEVY. Pierre. As Tecnologias da Inteligência. Edit. 34.

semântica e uma "arquitextualidade" polifônica tecida em torno de marcas e instâncias de enunciação, modos de agenciamento, etc. que formam verdadeiros sintagmas e possibilitam a decodificação de sua gramática. Pode-se, por exemplo, ler o projeto modernizador da Nova República através do modelo urbanístico haussmaniano no centro da cidade do Rio de Janeiro, decodificar os elementos identitários africanos a partir da disposição espacial do terreiro ou até ter uma idéia bastante clara da organização social de uma região ou de um grupo determinados pelos ingredientes presentes na sua culinária ou a apresentação de seus pratos.

Inversamente, toda língua oferece uma perfeita radiografia dos hábitos e costumes do povo que a usa. Não é por acaso que Michel Arrivé[6] insiste na relação íntima entre a lingüística e a prática psicanalítica e sugere que a lingüística seria uma verdadeira psicanálise dos povos. Sabemos, por outro lado, do viés psicanalítico presente na maioria das interpretações culturais ou culturalistas. É um hábito bem enraizado na antropologia, por exemplo, o de prestar às culturas características pessoais; a tal ponto que se fala, com freqüência, em personalidade de uma cultura, seus traços, seus complexos, etc. Não é preciso se aprofundar neste aspecto, mas lembramos que os empréstimos entre psicanálise e antropologia são consideráveis e recíprocos. Pode-se pensar no "Totem e Tabu" de Freud ou na "Sexualidade e a sua Repressão nas Sociedades Primitivas" de Malinowski para perceber que a fronteira entre psicanálise e antropologia (como entre outras áreas das ciências sociais e humanas) é mais tênue do que se imagina.

O resultado deste verdadeiro "ménage à trois" é um excitante troca-troca de ferramentas teóricas entre os diferentes parceiros; um provocante jogo de línguas (no sentido de quadros de representações simbólicas e não de algum ato falho) que leva certos teóricos mais liberados à adoção de posições comuns às três disciplinas e válidas nos três campos de análise. É o caso de Guattari, por exemplo, quando fala em "instâncias de enunciação da subjetividade do grupo",

[6] Arrivé, Michel. Langage et Psychanalyse. PUF.

"subjetividades polifônicas", etc. em que lingüística, psicanálise, sociologia e antropologia fazem literalmente corpo. A atitude sugerida por esse tipo de relacionamento "promíscuo", todavia, é de natureza metodológica e epistemológica: se tudo pode ser lido e toda leitura é, necessariamente, parcial, incompleta e passível de inúmeras releituras, é do dever do jornalista ou do cientista social antecipar as releituras possíveis e prováveis, praticando, justamente, o que foi definido como "*auto-reflexividade*" ou "*auto-hermenêutica*".

4. Autoria e autoridade

Neste sentido, a trajetória de algumas áreas das ciências sociais pode ser edificante para uma reavaliação teórica da prática jornalística. A antropologia, notadamente, malgrado o peso histórico de seu passado colonial, quando a produção antropológica era destinada ao público ocidental sem nunca questionar o seu teor ideológico, conseguiu superar nas últimas décadas, em grande parte, a ilusão de objetividade e universalidade, realizando a sua auto-reflexão e elaborando a sua auto-hermenêutica. Hoje, ela dispõe de uma ampla literatura autocrítica e metalingüística que alerta sobre os perigos do etnocentrismo, do objetivismo e do universalismo, tentando, assim, se destacar de sua matriz moderna, racional e eurocêntrica, que acreditava na possibilidade fenomenológica de acesso aos sistemas culturais e sociais e a sua translação num código simbólico determinado.

Vale lembrar que essa crença na possibilidade de conter o real no texto se baseia numa concepção sistêmica das sociedades e culturas enquanto totalidades acabadas, fechadas e tangíveis que podem ser abraçadas, examinadas, relatadas, recompostas e representadas de maneira mais verdadeira e original do que a forma sob a qual elas se apresentam à experiência real. O que, na superfície do texto final (miticamente definitivo e irretocável como se existisse imemoravelmente), se traduz por um conjunto de estratégias narrativas que visam a imposição da instância autoral como autoridade enunciativa e o próprio texto como equivalente universal do fato real.

As bases discursivas legitimadoras de tal ideal pseudocientífico, características do texto etnográfico clássico, são conhecidas. O estilo impessoal do antropólogo-cientista cauciona a sua pretensão objetivista, neutra e imparcial; enquanto as referências à sua experiência reconhecida, sua presença no lugar pesquisado, o jargão especializado, a exegese de termos locais e a acumulação de detalhes do quotidiano reforçam a sua autoridade textual e enfatizam o caráter realístico de seus relatos. Já o Outro estudado/fundido no molde teórico do pesquisador é, simplesmente, objetivado e massificado numa categoria abstrata que muitas vezes, até então, carecia de existência própria. A partir daí, o antropólogo não é apenas autorizado a falar em nome deste Outro (individual ou coletivamente), mas tem o poder de fazê-lo falar (inclusive dentro dos parâmetros conceituais típicos às ciências sociais), não para refletir o ponto de vista do pesquisador, mas, sim, do próprio Outro; o que pressupõe a existência prévia deste ponto de vista, pronto lá (no real) para ser apresentado aqui (no texto)!

Por outro lado, as sociedades e culturas observadas são representadas sincronicamente, consagrando assim o chamado "*presente etnográfico*" que permite a sistematização discursiva da experiência quotidiana ou isolada e a classificação ordenada dos fatos sociais e culturais mais variados. No mesmo elã de abstração, há freqüentemente uma generalização de tópicos ou instituições peculiares que servem, em seguida, de verdadeiro paradigma normativo e narrativo. Paralelamente, a estruturação seqüencial do texto em segmentos contínuos sugere a existência de quadros organizacionais homogêneos a elas, equivalentes nas culturas e sociedades estudadas. Assim, o fato real caótico e díspar se metamorfoseia numa sucessão integrada e coerente; a troca, a interação e o diálogo se tornam atos descritivos, abstraídos, auto-suficientes e descontextualizados.

Conseqüentemente, neste processo de transdução, o caráter intrínseco da experiência existencial é completamente modificado e reduzido à sua função legitimadora. Ou seja, não obstante a crença na existência formal e manifesta da realidade social e cultural, ela é negada como tal no texto final, na medida em que ela é apenas posta a serviço do autor como recurso retórico ou argumento de autoridade para a fundamentação de seus desígnios teóricos. De fato, a experiência mencionada no trabalho desenvolvido não passa de uma distante evocação legitimadora, logo superada e engolida pela narrativa final, obtida através do sinuoso processo de codificação e decodificação, simbolização e ressimbolização do real, e sua translação teórica. O que significa que as técnicas discursivas e os modos de enunciação praticados na superfície do texto são, na verdade, o reflexo do contexto social, cultural, político e histórico no qual foi produzido o dito texto, constituindo em si um discurso de legitimação da autoridade do autor.

Não é de estranhar, portanto, que as tentativas de subverter a antropologia clássica fossem dirigidas exatamente a seu ponto mais fraco: a orientação ideológica contida não no seu discurso ou sua temática, mas, antes, em seus modos de dizer. Assim, o principal ato de rebeldia da chamada "nova antropologia" ou "antropologia pós-moderna"[7] é de ordem discursiva, estabelecendo verdadeiras regras auto-hermenêuticas e auto-reflexivas, já que ela parte do princípio de que a função do antropólogo consiste em "ler" os discursos sociais e culturais com a convicção de que a sua leitura é apenas uma possível dentre muitas e que essa própria leitura pode ser relida.

Uma das figuras que mais se destacam neste movimento é, certamente, Vincent Carpanzano, autor de "Waiting: The Whites of South Africa" sobre a complexidade do apartheid e "Tuhami: A portrait of a Morrocan" e "The Hamadsha: A Study in Moroccan Ethnopsychiatry", ambos sobre a cultura popular e as práticas religiosas esotéricas no Marrocos. A característica deste autor é o seu estilo direto e pessoal, que não apenas não procura esconder ou camuflar suas dúvidas e suas hesitações, mas, mais do que isso, faz delas o fio condutor de suas indagações. Por outro lado, não busca em nenhum momento generalizar ou sistematizar os fatos recolhidos, mas apenas tenta

[7] PIRES, Teresa. A Presença do Autor e a Pós-Modernidade em Antropologia. Cadernos do CEBRAP.

apresentá-los não sob algum suposto princípio de objetividade ou neutralidade, mas, sim, como se apresentam a ele através dos filtros de seu momento histórico e de seu lugar no mundo.

5. Julgar por si mesmo

As diferenças entre o discurso antropológico e o jornalístico são de ordem exclusivamente formal e não dizem respeito ao trabalho de construção do texto propriamente dito. As condições de produção e de reconhecimento dos dois discursos, por exemplo, não são iguais, já que o antropológico não depende da pauta e das orientações do editor, nem é submetido às regras de marketing do jornal. Em compensação, o antropólogo é condicionado pelos paradigmas reinantes no campo científico e pelas expectativas de sua comunidade no momento, o que pode ser determinante na formulação de suas teses e na sua conferição, conforme se aprendeu com Thomas Kuhn[8]. Por outro lado, o texto jornalístico é destinado a um público cujo perfil é estatisticamente definido pelos planos comerciais e editoriais do jornal, enquanto o livro – destino ideal da pesquisa antropológica – é por essência universal; ainda que, como já foi destacado, os primeiros e decisivos consumidores do texto antropológico são os colegas organizados e reunidos em cátedras universitárias, congressos e seminários.

Ainda com relação aos fatores extrínsecos de produção do discurso jornalístico, pode-se dizer que existe uma certa convergência entre as condições de sua produção e de seu reconhecimento, na medida em que o jornal elabora e organiza seu discurso em função dos interesses de seu leitorado. O repórter, neste sentido, não se contenta em retratar o que observa, mas dele extrai aquilo que mais possa interessar seu público, cedendo, portanto, a uma intencionalidade de sentido e a uma interpretação presumível. Na verdade, a própria escolha do fato a cobrir, a seleção das fontes, sua hierarquização e seu ordenamento orientam, de antemão, a natureza da informação contida na reportagem e o sentido que vai dela ser liberado.

[8] KUHN, Thomas. A Estrutura das Revoluções Científicas. Edit. Perspectiva.

Porém, se as condições de produção e de reconhecimento dos discursos jornalístico e antropológico não são iguais, as fases de sua elaboração, suas técnicas respectivas, suas estratégias enunciativas e seus objetivos são, muitas vezes, comparáveis. O texto jornalístico, semelhantemente ao antropológico, se baseia em métodos investigativos, observação, identificação de testemunhas, coleta de informações, etc. Igualmente, ambos os textos apelam a estratégias discursivas específicas de ressimbolização da realidade observada para passar das fontes orais ou da vivência direta a regras de enunciação próprias à escrita.

Não se pode ignorar o fato de que o uso de um determinado modo de enunciação ou de organização de enunciados é decidido, no caso jornalístico, de acordo com as estratégias de comunicação do veículo, o repertório informativo, cultural, social e lingüístico do público visado e os efeitos de reconhecimento desejados. Mas, há de se admitir que, tanto para o texto jornalístico quanto para o antropológico, o principal imperativo das estratégias discursivas usadas é impor a instância autoral como autoridade discursiva e convencer o destinatário da equivalência entre texto e mundo, recorrendo, para este fim, na maioria das vezes, às mesmas estratégias enunciativas legitimadoras e operadoras de efeitos de verdade e à mesma gramática de produção de sentido que lhes é equivalente. Assim, a principal regra discursiva na construção do texto jornalístico é o mesmo discurso indireto e impessoal observado no caso da antropologia, ainda que possa comportar fragmentos de discurso direto que servem, na verdade, mais como recurso retórico que ressalta a idéia da vivência do evento pelas testemunhas e prova a veracidade da narrativa jornalística, do que uma real tomada da fala pelo público.

Contudo, se o discurso impessoal produz uma impressão de sério, de objetividade e de neutralidade, na verdade, é o quadro perfeito para a manifestação de todo tipo de ideário doutrinário e dogmático, pois, por seu modo enunciativo frio e sistemático, ele limita as possibilidades interpretativas do leitor e lhe dita uma visão do mundo única e unidirecional. Já o modo de enunciação direto e pessoal, como se viu com a chamada "nova antropologia", mesmo se não é uma garantia absoluta contra as manipulações lingüísticas, pode ter um profundo significado político-ideológico que nega a existência de uma verdade única, absoluta e universal, rejeita a ilusão de neutralidade e chama a atenção do leitor para a falsidade de todo discurso (seja ele político ou científico) que pretende objetividade e imparcialidade para impor sua ideologia própria.

O discurso pessoal (na 1a. pessoa), neste sentido, pode constituir uma base inicial para a construção de um jornalismo auto-hermenêutico e o desenvolvimento daquilo que se definiu como aptidão à auto-reflexividade ou "esquizocepção". De fato, ao mesmo tempo que ela equivale a uma reivindicação da autonomia do olhar, a enunciação na 1a. pessoa representa uma maneira de o autor reconhecer a sua subjetividade e assumi-la. Condição *sine qua non* para qualquer "despertar situacional", o discurso pessoal implica, por outro lado, a ciência do autor de seu lugar no mundo e de que a justeza de seu olhar não é incompatível com a consciência de seu relativismo.

Tomando como referência a secular imprensa francesa, pode-se citar o exemplo do jornal "Libération" fundado por Sartre no episódio da Revolta de 68 – em que uma das palavras de ordem era, aliás, "la langue est une mandarine" ("mandarine" em francês tem o duplo sentido de tangerina e mandarina). Primeiro jornal francês autogestionado e financiado por subscrição pública, fazendo dos leitores seus acionistas, "Libération" sempre adotou nas suas reportagens o discurso direto e na primeira pessoa: "Je". Uma experiência mais radical ainda é a revista "Actuel"; publicação de origem libertária que virou um jornal "cult" dos intelectuais de esquerda e cuja marca registrada é ser, justamente, redigida quase exclusivamente na primeira pessoa do singular. Hoje, mesmo que o uso da 1a. pessoa tenha se generalizado e perdido sua carga subversiva, ele mantém seu caráter democrático (e "chic"!) "rive gauche".

Para concluir, há de se salientar que a ênfase dada à 1a. pessoa na imprensa francesa é totalmente condizente com seu contexto histórico iluminista. Com efeito, no cenário mundial atual, marcado pelo mercadologismo excessivo, soa como um delírio utópico a legislação hexagonal que outorga ao jornalista o direito de tomar a iniciativa de ruptura de contrato e gozar de todas as indenizações previstas no caso de demissão sem justa causa, se a publicação na qual ele trabalha adotar uma orientação editorial incompatível com "seus interesses morais". O mecanismo jurídico conhecido como "cláusula de consciência" (lei de 29 de março de 1935) define o jornalista como "um assalariado diferente dos outros, testemunhando e julgando por si mesmo, não por delegação".

INTERNET, CENSURA E LIBERDADE

Uma abordagem ética das questões relativas à censura e liberdade de expressão na comunicação em rede

Wilson Gomes

A internet não é mais um *novo* meio ou *nova* tecnologia da comunicação, mas uma jovem senhora, de pouco mais de 30 anos. Madura e mutante – como qualquer um que use a rede há mais de dez anos o sabe muito bem. De qualquer modo, no estágio atual das coisas, por «internet» nos referimos pelo menos a três fenômenos distintos e não imediatamente assimiláveis uns aos outros.

Em primeiro lugar, «internet» é uma rede extremamente extensa, desnacionalizada e descentralizada de computadores. Trata-se de um sem número de computadores funcionando como nós ou malhas intermediárias – portanto, conectadas umas às outras e à totalidade – de que se serve uma miríade de computadores e microcomputadores para enviar informações ou receber dados remotamente enviados. Numa outra metáfora, trata-se de um número extraordinário de computadores funcionando como uma malha gigantesca de auto-estradas que servem ao tráfego eficaz de enormes quantidades de informações circulando de um microcomputador a outro microcomputador. Uma fabulosa infra-estrutura de rede de redes de comunicação remota mediada por computadores.

A internet seria, então, nada mais nada menos que um meio ou ambiente de interconexão. O fenômeno comunicacional importante, nessa perspectiva, seria a chamada «comunicação mediada por computadores» – de um indivíduo a outro, de um a muitos, de muitos a muitos – e todas as suas conseqüências em termos de sociabilidade contemporânea. Como se vê, a internet, nessa perspectiva, não pode propriamente ser considerada um meio de comunicação, mas a própria conexão ou conectividade material à disposição dos computadores, estes, sim, funcionando como instrumentos de comunicação. Nesse sentido, *a comunicação possibilitada pela internet* distingue-se da *comunicação executada pelos meios de comunicação de massa,* porque na primeira, pelo menos em princípio, a qualquer momento, sem autorização social e sem grandes investimentos em recursos, (a) qualquer sujeito pode se tornar emissor, (b) qualquer receptor pode se tornar emissor e vice-versa, (c) qualquer receptor pode se transformar em provedor de informação, produzindo informação e distribuindo-a por rede ou simplesmente repassando informações produzidas por outrem.

Além disso, a rede de redes que é a internet é possibilitada por diferentes tecnologias e infra-estruturas que foram e continuam sendo desenvolvidas. As infra-estruturas e tecnologias mais importantes do ponto de vista social, nesse momento, estão voltadas para a produção e disponibilização, em rede, de reservatórios de conteúdos. Por isso mesmo, em segundo lugar, internet, particularmente com a recente invenção da Web, é uma massa de conteúdos configurados e organizados especificamente para o seu consumo através de computadores conectados em rede. Trata-se de extraordinário volume de informações de toda a natureza e sobre praticamente qualquer tipo de objeto (a) disponível exclusivamente para acesso on-line, (b) situado de forma disseminada por computadores em rede por todo o mundo, (c) organizados de forma a serem lidos ou vistos e, freqüentemente, reproduzidos e distribuídos em linguagens mais ou menos padronizadas e, de qualquer forma, facilmente disponíveis aos usuários da rede. Nesse caso, enquanto é um estoque gigantesco, acessível e manipulável de informação à disposição de usuários on-line, a internet se assemelha mais aos espaços socialmente reconhecidos de recolhimento e disponibilização da ciência, da cultura e da arte do que aos meios de comunicação, daí as metáforas mais comuns, sob este aspecto, serem a da biblioteca e a da enciclopédia.

Não obstante a importância da conectividade, como estrutura fundamental, e da «Web», como repositório de conteúdos, estas não esgotam as tecnologias e infra-estruturas que a internet, principalmente, é. Entre o primeiro aspecto – o mero ambiente de conexão e a prática de conectividade – e o segundo – a dimensão material e de conteúdo da Web – há uma forma importante que são os tipos de produção, de emissão e de recepção de conteúdo *em conexão*. Esses tipos são representados de dois modos: a) em forma "comunitária", pelas listas de discussão, pelos newsgroups e por estruturas assemelhadas; b) em forma privada, através da correspondência eletrônica pessoal, mediante chats aleatórios ou de vínculo eventual e por meio de outras experiências semelhantes. Se a Web representa um conteúdo "a frio", segundo a metáfora da biblioteca multimídia on-line que a sustenta, esse terceiro aspecto da internet inclui a produção e circulação de conteúdo "quente", em situação de interlocução contextual.

Aqui, a metáfora da biblioteca de consumo silencioso e privado, na quietude da minha navegação solitária na Web, perde sentido em face da circulação contínua de conteúdos produzidos, (a) seja como intervenções contextualizadas a respeito de questões e temas em disputa, (b) seja como o fluxo da correspondência íntima ressuscitada na forma do bilhete em vários formatos de correio eletrônico, (c) seja, enfim, como a emissão de mensagens com o propósito de estabelecer contatos, numa conversa à toa para passar o tempo, ou para flertar e seduzir. É neste contexto de emissão e recepção que se constituem ou podem ser constituídos os vínculos interpessoais, que podem ganhar desde a forma do par de solitários em contato "virtual" noite adentro até a forma da associação dos apreciadores de James Joyce ou Sepultura, dos cultores da Cabala ou de Aristóteles, dos militantes em favor de um país curdo, da prisão de Pinochet ou da defesa da permanência do modo de vida dos nambiquara. Justamente nessas formas associativas, que com considerável exagero vêm sendo chamadas de *comunidades virtuais*, resulta grande parte do charme contemporâneo da internet. Também nesse caso, internet não é meio de comunicação (pelo menos não mais que os recursos dos correios e telégrafos e da telefonia), mas vínculo, contato através de computadores e da tecnologia da transferência numérica de dados.

Esta distinção vai nos ser importante mais à frente, mas por enquanto deve ser bastante para que possamos reconhecer que de cada um dos aspectos do fenômeno «internet» decorre questões de natureza diversa. Ao aspecto de conectividade estão relacionados problemas que dizem respeito, por exemplo, ao acesso à rede e ao seu funcionamento, ao poder que representa a possibilidade de conexão e ao significado e alcance social do estar fora da rede, à natureza da sociedade mundial da informação como destino resultante das possibilidades decorrentes da internet, enfim, ao lugar da informação e a sua circulação veloz e eficaz como capital social determinante num século em que a crise do Estado-Nação, a transformação do capital financeiro em dados voláteis e a informação contínua e total estão na agenda do dia. Com relação à internet como estoque crescente de informação disponível, temos um conjunto enorme de indagações a respeito de conteúdos, estrutura e organização dos materiais, sua legitimidade, sua importância social, sua regulamentação ou controle ou a necessidade de preservar a sua desregulamentação. Evidentemente, é, sobretudo, a este segundo aspecto que as questões relativas a controle de conteúdo se referem. Enfim, com respeito ao aspecto da internet como contato e vínculo, conhece-se um considerável número de questões sobre o existir-em-rede, sobre as particularidades do "face-a-face" numérico ou virtual e sobre a natureza diferenciada da conectividade existencial e social proporcionada por ele.

1. Formulando o problema

Depois dessa discussão preliminar sobre a natureza do fenômeno «internet», convém afrontar aquele que é, mais especificamente, o objeto deste ensaio: a questão da regulamentação de acesso e da censura de conteúdo na comunicação on-line. É bom que se diga que a publicação disponível na própria rede mundial de computadores sobre este tema alcançou um volume tão grande nos últimos dez anos que tudo leva a crer que para os pesquisadores e usuários da internet se trata aqui de uma das questões mais candentes da atualidade e que o debate que a seu respeito se trava deve se constituir num dos jogos mais decisivos para o futuro da comunicação mundial em rede.

Todavia, a quase totalidade dos materiais disponíveis sobre a questão, se nos restringirmos ao material teórico – deixando de lado os materiais voltados para a militância e os materiais de divulgação, que juntos constituem cerca de ¾ do volume total –, é composta por avaliações sociológicas e jurídicas sobre possibilidades, correção e sentido da censura de conteúdos e/ou da regulamentação de acesso à rede e as suas conseqüências com relação ao destino da internet, à liberdade de opinião e de expressão, bem como das suas conseqüências para a democracia. Embora freqüentemente suposta, a discussão em termos normativos de tipo ético quase nunca aparece e, quando o faz, raramente tem alcance e valor conceitual compatível com a seriedade do problema.

O específico de uma abordagem ética do problema da censura de conteúdos na internet consiste em deslocar o foco da consideração, retirando-a do ambiente propriamente descritivo ou orientado pela análise de conjunturas, próprio das fenomenologias do dado social, mas também a retirando das disputas hermenêuticas em torno do direito positivo nacional e internacional, para, enfim, examinar o problema à luz do dever-ser. As fenomenologias sociais do problema nos descrevem o fenômeno e avaliam suas conseqüências. A abordagem jurídica discute a possibilidade e a necessidade da regulamentação à luz da norma mais geral e fundamental da liberdade de expressão. Mas quando o sociólogo aplica um quadro de valores, no interior do qual avalia se deve existir ou não censura, deixa então de realizar o mister de sociólogo para se aventurar em território de ética filosófica. Do mesmo modo, quando o jurista, depois de examinar a legalidade da censura, volta-se para discutir a sua legitimidade, está transferindo o seu discurso da interpretação factual para a valoração moral[1] dos fatos. Justamente por isso, é preciso que se realize uma abordagem explicitamente ética da discussão sobre os limites da expressão na internet e no lugar de discurso que lhe é apropriado: a ética filosófica.

O problema se põe, em geral, do seguinte modo: há um conjunto de conteúdos disponíveis na internet e um conjunto de atitudes relativas ao acesso à rede e ao comportamento em rede que alguns gostariam que fossem censurados ou, pelo menos, regulamentados e que algumas instâncias de exercício de poder efetivamente censuram ou regulamentam ou estão se dotando de instrumentos para censurar ou regulamentar[2]. Por outro lado, um grupo ainda maior, por mais que considere desagradáveis ou incômodos tais conteúdos e atitudes, é contrário a qualquer intervenção de autoridade no sentido de disciplinar tais matérias, mormente quando o tipo de intervenção for ou pareça ser censura.

Os conteúdos polêmicos são, evidentemente, todos os materiais opinativos e/ou destinados a formar a opinião pública e as convicções privadas sobre matérias específicas. O arco que elas recobrem é imenso e inclui desde as formas de expressão de posições ideológicas tidas como desumanas, anti-sociais, lesivas da honra e da dignidade de grupos, instigadoras do ódio racial ou de classe, extremistas ou fundamentalistas até materiais considerados ofensivos ao quadro de valores de determinados grupos ou subculturas, como os materiais relacionados à pedofilia, particularmente na Itália, ou relativos ao aborto, nos Estados Unidos, ou ainda ao consumo de drogas e porno-

---

[1] Os termos "moral" e "ética", em seu uso substantivo ou adjetivo, serão usados nesse ensaio como se aplicando ao mesmo conceito e referindo-se ao mesmo fenômeno da ordem da realidade. A distinção entre ética e moral, praticada por alguns e que vem se tornando um hábito na área de comunicação, não possui nenhum fundamento etimológico, é artificial e não encontra amparo em nenhum dos grandes formuladores do problema moral, de Aristóteles a Spinoza, de Kant a Hegel.

[2] Veja no site «Censura y software de filtrado» – http://www.arnal.es/free/links/censura.html – Uma lista selecionada de websites e documentos sobre a liberdade de expressão, a regulamentação e os sistemas de etiqueta, classificação e filtro de conteúdos na internet. Ver também «Censura en Internet y control de contenidos». http://www.onnet.es/10002.htm.

grafia, em geral. Incluem-se, ainda, materiais relativos a atividades políticas e/ou culturais subversivas, revolucionárias ou simplesmente não desejadas por algum governo em algum país e materiais relativos a atividades terroristas. As práticas polêmicas, por sua vez, incluem principalmente as práticas comerciais invasivas, que vão desde o *spamming* até a manipulação e comércio de dados pessoais, mas também poderiam incluir a querela dos direitos autorais sobre materiais on-line.

Em muitos desses campos, alguns países começaram a discutir regulamentações e até a intervir legalmente aplicando as regulamentações já existentes. Campos que estão ao centro da maratona jurídica nesse momento são, por exemplo, a garantia do famigerado copyright, que interessa particularmente às grandes indústrias da música e do software, a luta contra o terrorismo na rede, as formas de repressão dos materiais pedófilos e a defesa da privacidade dos dados dos usuários nas suas transações em rede.

Em qualquer desses campos, da oferta de materiais ilícitos à opinião política ofensiva, incômoda, ilegal, etc. estamos no centro da polêmica e muito longe de uma intervenção reguladora cuja *legitimidade*[3] seja reconhecida por muitos.

Há vários níveis de objeção à legitimidade da regulamentação de conteúdos na internet que precisam ser examinados. O mais elementar destes consiste em dizer que o Estado deve cuidar dos atos danosos e deixar que as opiniões, cujo potencial nocivo não tem o mesmo alcance de tais atos, sejam reguladas pelo contraste entre elas. Afinal, afirmam, "as palavras não perfuram, não cortam nem explodem, portanto, nem ferem nem matam".

Mesmo em termos estritos de causa eficiente, a segunda parte desta proposição deve ser tomada com cautela, pois consegue, no máximo, disfarçar o seu defeito lógico e a sua contradição com os fatos da nossa experiência. Antes de tudo, em virtude do que é óbvio:

[3] Registre-se que aqui não nos ocupamos da legalidade da norma, mas da sua legitimidade moral.

quantos já morreram ou foram feridos "por causa" do que já disseram ou do que sobre eles foi dito? O mais importante argumento contra o que acima se afirma, entretanto, vem da pragmática dos atos de linguagem[4], segundo a qual nem sempre as palavras são meras formações de sentido que acompanham as nossas ações no mundo; freqüentemente, agimos através de palavras – que podem, nesse caso, se fazer acompanhar por outras ações não-lingüísticas ou simplesmente funcionarem sozinhas. Quando um sujeito diz "eu aceito" numa cerimônia de casamento depois da pergunta do padre, não está simplesmente dando a entender o que sente e quer ou descrevendo algo: está, por meio dessa frase, casando. Além disso, há atos sociais, como a promessa e, no que nos interessa mais de perto, a ofensa, que são prioritariamente atos lingüísticos.

A sentença ofensiva não é simplesmente um fato semântico. É, sobretudo, um fato pragmático, um fazer. Não se destina simplesmente a transferir ou produzir sentido num receptor qualquer, mas é uma ação que produz um resultado eficiente, prático, que é justamente a ofensa. O que quer dizer que palavras não perfuram como facas nem explodem como bombas, mas servem perfeitamente para realizar ações de outro tipo, embora igualmente erradas, como ofender, ameaçar e humilhar. E se humilhar e ofender não são o mesmo que explodir e machucar, fazem igualmente parte dos atos nocivos que os humanos podem praticar uns contra os outros.

Mesmo descartando-se um tal argumento, a reação à intervenção de autoridade é muito forte, visto serem igualmente tantas e tão importantes as coisas que se quereria proteger de censura e regulamentação. O elenco é composto por liberdades e princípios que são pesos-pesados dos direitos civis e da sociedade democrática moderna, não negociáveis mesmo para aqueles que desejariam regulamentação e controle de conteúdos na internet: a liberdade de expressão, o

---

[4] Cf. J. L. Austin, *Quando dizer é fazer. Palavras e ação.* Porto Alegre: Artes Médicas, 1990; John R. Searle, *Os actos de fala.* Coimbra: Livraria Almeidina, 1981.

respeito ao pluralismo, a proteção da vida privada, a liberdade de comércio.

As posições contrárias ao controle de conteúdos e à regulamentação do direito de opinião na internet, principalmente na forma da censura, normalmente se apóiam em pelo menos um dos argumentos abaixo:

a) A defesa da liberdade de opinião em geral teria como corolário a obrigação de defesa da expressão de quaisquer opiniões, independentemente do seu valor cultural e político e a prescindir da aceitabilidade ou não do seu conteúdo. Ou seja, se defendo a liberdade de opinião, defendo o direito de se expressar que têm mesmo aquelas opiniões que são claramente errôneas, ofensivas ou desagradáveis. Isso não quer dizer que as opiniões errôneas e injuriosas devam ser tolerantemente suportadas, não sendo incoerente com a defesa da liberdade de opinião o fato de se combatê-las, confrontá-las, criticá-las, discuti-las e recusá-las. Censurá-las, jamais.

b) A censura seria inútil. O caráter descentralizado da internet, a que já aludimos, seria a razão principal da inutilidade da censura, na medida em que um site censurado num país pode ser replicado e reaparecer em provedores de qualquer outro país. O argumento, nesse caso, é simplesmente uma constatação *de fato*, sem avançar nenhuma pretensão de direito. Mas é igualmente verdade que grande parte da inutilidade prática da censura se deve ao fato de a "comunidade" dos usuários da rede partilharem a convicção de que, *de direito*, censurar é errado. Só isso explicaria, por exemplo, porque um provedor neerlandês ou italiano acolhe réplicas de sites neonazistas censurados na Alemanha.

c) A censura seria contraproducente para o desenvolvimento técnico da rede. Grande parte do desenvolvimento da rede, a partir do momento em que deixa de ser uma rede de pesquisadores e passa a ser um ambiente popular de conexão, deve-se a uma "ideologia internet", baseada principalmente sobre os princípios fundamentais da acessibilidade universal, do pluralismo democrático de opiniões e da incontrolabilidade por poderes centrais. Toda a tecnologia e infraestrutura que constituem a rede parecem depender dessa crença fundamental, contra a qual se insurgiria, justamente, a idéia de censura. A censura deve ser excluída, portanto, também por ser danosa para o futuro técnico da rede. Parece ser um fato que a internet dá indícios de não sobreviver senão como um sistema de comunicação livre e aberto.

d) Na internet, a censura e a intervenção do Estado não seriam necessárias para que se assegure a imparcialidade ou o equilíbrio na disputa pela conquista da opinião pública nem para que se proteja o direito, por exemplo, à reputação, à honra ou à dignidade. A razão disso são as características fundamentais da rede, a começar pelo fato de que as opiniões errôneas podem sempre ser contrastadas e combatidas – e geralmente o são – pelos próprios usuários em rede e pelo fato de a paridade de chances de expressão estar em princípio garantida a todos os usuários. Pode-se sempre fazer um anti-site contra aquele que se quer combater, pode-se sempre fazer uma carta-corrente ou divulgar um contra-argumento. Para quê o Estado, então? A censura, então, mesmo em seus propósitos justificáveis, seria desnecessária.

Na verdade, esta disputa ocorre numa arena dominada pelos medos e fantasias de cada um dos oponentes. Com efeito, cada um dos lados gostaria de ver certos valores protegidos da censura ou pela censura, da liberdade de expressão ou pela liberdade de expressão.

A posição que defende de forma intransigente a liberdade de expressão e que tem o mais absoluto horror à censura é perseguida por temores diferentes, a depender do fato de que esta se realize em Estados constitucionalmente democráticos e liberais ou em Estados mais distanciados de tal padrão.

No primeiro caso, temem: a) a possibilidade de intervenção indevida do Estado no "mercado de opiniões" dos indivíduos privados, a intromissão do Estado no contexto da geração e circulação de informações e na disputa privada pela formação da opinião predominante. É como se dissessem, deixem que os privados e as suas esferas públicas regulem a produção e consumo de informação; b) a imposição a todos da opinião dominante e o desrespeito da multiplicidade de modos de vida e dos seus interesses que se daria pelo desrespeito dos materiais e das formas da sua expressão.

No segundo caso, temem substancialmente a existência da figura do delito de opinião e a possibilidade de perseguições políticas ou religiosas por causa da mera expressão de uma opinião divergente, distinta ou não-autorizada, que uma autoridade considere perigosa ou ofensiva. Nesses casos, afirmar da maneira mais absoluta a liberdade de expressão (e a sua subsidiária liberdade de imprensa) torna-se indispensável para que sejam assegurados tanto os direitos civis quanto a possibilidade de crítica e de mudança democrática em regimes de governo dominados por dogmatismos ou fanatismos de toda a espécie, ou fundados sobre todo o tipo de interesse.

Em todo o caso, o temor que tal posição sustenta ganha forma nos cinco conjuntos de questões que se seguem:

a) quem censura e quem garante que o julgamento do censor seria melhor do que o julgamento dos que pensassem e sustentassem o que este considera indevido?

b) será mesmo possível julgar de maneira consensual ou consensualmente aceitável sobre o que é indevido, inadequado, ofensivo, indecente ou prejudicial? Existe consenso em matéria de moral? Não terminaria isso sendo a imposição violenta de uma tábua de valores sobre todas as outras concorrentes?

c) não representaria o fim da possibilidade da opinião discordante, alternativa, inusual, criativa etc. enfim, da opinião fora dos padrões, portanto, o fim da diversidade de opinião?

d) permitir atos de censura prévia no caso da opinião publicada na internet não seria permitir a volta da censura prévia em geral? Há como garantir que a autoridade não exorbite, ultrapassando o limite da censura de conteúdo na direção de um controle de todos os tipos de materiais, a serviço, por ex., de governos nacionais ou de interesses comerciais e de grandes corporações?

e) não haveria possibilidade de convivência entre a ausência ou controle da liberdade de expressão e o modo de vida democrático:

entre aceitar a ofensa das opiniões desagradáveis e renunciar aos valores democráticos não seria melhor tolerar a possibilidade da opinião ofensiva? Não seria melhor resolver democraticamente o problema da ofensa, apresentando argumentação contrária, rebatendo os seus argumentos, disputando pela formação da opinião predominante?

Mas há também os que defendem formas de controle da liberdade de expressão e também orientam as suas posições a partir de temores e fantasias razoavelmente substanciais. Antes de tudo, temem (I) uma forma infernal de vida em sociedade em que qualquer um pode publicamente ofender e humilhar qualquer outro indivíduo ou outra classe de indivíduos sem que o Estado proteja os mais fracos ou evite que o conflito de opinião ultrapasse os limites discursivos em direção à esfera das armas e da luta selvagem e muda; curiosamente, também temem (II) o desrespeito da multiplicidade de modos de vida, principalmente das minorias e dos subalternos, que são as vítimas em geral dos sites de ódio, do incitamento à perseguição e da humilhação resultantes da opinião publicada na internet.

a) Se o Estado não é mais capaz de garantir às minorias o direito de existência sem discriminação, insulto e humilhação, qual ainda o sentido de submeter-se ao contrato social?

b) Se o Estado não usa a lei e/ou a sua violência legítima para garantir que os conflitos de interesses e pretensões entre os grupos de interesse socialmente dados se resolvam de forma argumentativa e amparada pela lei, como impedir que os contrastes possam ser resolvidos através da violência descontrolada e da brutalidade da "lei do mais forte"? Se o Estado não protege os mais fracos, o que impede os mais fortes de passarem da ofensa publicada à violência das ações? E o que impediria o ofendido de reagir?

c) Como se pode, em nome da democrática liberdade de expressão, chegar-se a uma situação em que não se consegue mais distinguir a diferença de valor entre a opinião apresentada lealmente e a mais vil ofensa, a infâmia mais grosseira e a mais completa difamação? Ora, a democracia se caracteriza por estabelecer, como patamar mínimo para que uma pretensão de validade com respeito ao bem comum possa ter legitimidade social, a conversão de tal pretensão em palavra e argumento. Não seria, portanto, justamente contrário ao espírito da democracia homogeneizar toda forma de expressão lingüística, igualando a opinião formulada para se submeter lealmente à disputa argumentativa na área pública com o texto ofensivo e desrespeitoso da dignidade de indivíduos e grupos humanos e com a instigação à delinqüência?

De qualquer modo, a fantasia do pior dos mundos possíveis que orienta o horror à regulamentação de conteúdos seria aquela de um mundo kafkiano onde você acorda com o censor revirando suas anotações, onde você pode a cada momento se deparar com um simplório delegado de polícia mexendo em seus disquetes, controlando suas conversas ou espiando o seu site para determinar, com base na sua (dele) avaliação das coisas, o que pode ou não pode ser publicado dentre as coisas que você pensa e quer dizer ou para estabelecer penas, reprimendas e perseguições pelo que você já publicou. Simetricamente, o pior pesadelo dos defensores das restrições à liberdade de expressão seria um mundo insuportável onde qualquer indivíduo pudesse passar, sem peias nem filtros, das suas disposições internas, gostos, preferências e convicções íntimas, emocionalmente constituídas, para a expressão e publicação disso, sem importar a qualidade cognitiva ou moral das suas convicções, preferências e disposições. Se nos espantaria um mundo em que qualquer um pudesse pichar o muro em frente à minha casa com expressões como "negro imundo", "judeu sujo", "morte aos homossexuais" sem que nada lhe acontecesse, mais assustador parece ser um mundo em que alguém pudesse disponibilizar instantaneamente em rede, para milhares e milhares de pessoas, o correspondente em bytes de tais expressões e de forma igualmente impune. A cada um o seu pesadelo, mas alguém pode ter razão?

2. Examinando o problema de um ponto de vista moral

Quando se discutem problemas como «censura» ou «regulamentação» com respeito a conteúdos e atividades em rede se está examinando a legitimidade de qualquer *intervenção de autoridade* no sentido de, a partir evidentemente de uma avaliação, filtrar conteúdos e atividades em rede. Por "filtrar" se entende (a) o ato e o poder de "selecionar" materiais expressivos e atividades, estabelecendo, por exemplo, o que pode ou não ser dito ou feito, bem como (b) o ato e o poder de "discriminar", estabelecendo onde e de que forma o que pode ser dito e feito o podem ser. Não se trata de legalidade, pois para que uma intervenção seletiva de autoridade possa ser legal é bastante que uma lei precedente a autorize. O nosso problema situa-se antes da questão da legalidade, haja vista que mesmo a intervenção legal pode estar desautorizada em território moral – o que de per si já seria um bom motivo para mudar a lei e, *in extremis*, para a desobediência civil e a reserva de consciência.

Há uma ordem de questões que, embora importantíssima sob outros pontos de vista, não nos interessa no momento, a saber, o problema da possibilidade ou impossibilidade de execução do controle de conteúdo na rede. Esta é uma questão técnica interessante, mas sem alcance em território moral. O que nos interessa examinar aqui é se é lícito, se é legítimo, se é correto ou não o controle de conteúdo da opinião publicada em rede.

Em nossa época, a opinião dominante é conduzida freqüentemente de modo pouco reflexivo e argumentado quando o assunto diz respeito à ingerência de alguma instância heterônoma para funcionar como constrição e controle da vontade, do desejo, da opinião e da expressão dos seres humanos adultos. Em outros termos, há como que uma *sensibilidade social* para a qual é desagradável em extremo a idéia de normatividade, controle ou censura quando exercida por uma instância exterior ao próprio indivíduo. Afinal, a modernidade se estabelece justamente a partir da afirmação dos direitos da subjetividade em território social e legal, dos direitos da privacidade em território econômico, dos direitos da intimidade em campo afetivo e dos direitos da autonomia em território moral.

Parece, contudo, que tais princípios fundamentais, quando transformados em atitudes culturais, em *habitus*, em esquemas e grades de valores para a orientação dos indivíduos no mundo da vida, tendem a perder a referência conceitual que os gerou e explicou e a se converter em material afetivo, emocional, em crenças fundamentais situadas para além da discussão e do exame argumentativo. Expressões como "censura" e "tradição", de um lado, e "liberdade de opinião" e "liberdade de expressão", do outro, mais do que peças que se movem no jogo dos conceitos e dos argumentos, são ingredientes a serem degustados ou rejeitados pelo paladar social, avaliados, inevitavelmente, em termos de bom ou mau gosto. Nesse contexto, em que a questão de gosto e a questão de direito se põem excessivamente próximas, perde-se enormemente em liberdade de exame e, por conseqüência, em capacidade de compreensão dos problemas.

E, de fato, o que está por trás de toda a polêmica são questões relativas à autonomia dos sujeitos na esfera íntima (no caso da discussão sobre a pornografia em rede, por exemplo), relativas à privacidade (como, por exemplo, a questão do anonimato na Web) e relativas ao pluralismo da expressão política (na questão da censura de conteúdos, por exemplo). Intimidade, privacidade, multiplicidade são temas-chave no nosso modo de vida.

De qualquer modo, é fato que a *intervenção seletiva de autoridade* é precedida por uma avaliação, por um julgamento de valor no qual se decide não simplesmente o que pode ou não ser dito ou feito, mas o que o deve ou não ser. Mas, e essa é a questão que nos toca em cheio, a própria atividade de intervenção heterônoma, ela mesma e a avaliação que a precede, como é que se legitimariam? Temos, então, duas questões interligadas e muito importantes: a) pode-se admitir a possibilidade de uma censura ou controle eticamente justificados de conteúdos opinativos na internet? b) em caso de resposta afirmativa à primeira pergunta, em que condições tal justificação moral se daria?

O caminho para a resposta a estas questões há de considerar seriamente o extrato mais fundamental de objeções ao controle de conteúdos na internet que se estabelece, substancialmente, na afirmação de uma irrealizável composição entre liberdade de expressão e censura ou regulamentação da expressão. Para alguns, podemos avaliar negativamente determinadas opiniões publicadas na internet (por exemplo, os sites em que se manda espancar negros e gays ou em que se ensina a desprezar nordestinos e judeus) – o juízo de valor é, portanto, legítimo. Não deveríamos, entretanto – e este é já um segundo juízo de valor –, passar da avaliação moral negativa à intervenção de autoridade que impediria a presença on-line da opinião que consideramos inadequada. Em suma, o argumento empregado diz que *hate sites* não devem ser feitos, mas, uma vez feitos e publicados, jamais deveriam ser censurados; se forem feitos podemos publicar anti-sites, discutindo-os e contestando-os, mas se forem censurados entraremos em todas as guerras possíveis para defender a sua existência e para protegê-los da autoridade que os quer censurar.

O que fundamenta o paradoxo de tal disposição teórica e prática em que a existência da opinião injusta e ofensiva é tolerável, mas a censura a esta opinião injusta e ofensiva não o é? Sem que ninguém o ouse confessar, sustenta tal paradoxo a convicção socialmente compartilhada de que o princípio em que se apóia o primeiro juízo de valor é menor que o princípio que sustenta o segundo. O primeiro juízo, que decide que são moralmente inadequadas a ofensa e a humilhação, funda-se na percepção da dignidade humana como valor; o segundo, que decide que a censura é sempre um mal, apóia-se evidentemente no valor da liberdade de expressão. O aparente paradoxo se resolveria no fato de que quando se confrontam, na avaliação de um ato, os valores da dignidade humana e da liberdade de expressão, o segundo valeria mais.

De fato, a maior parte dos argumentos contra regulamentação e censura na internet parece compreender a liberdade de expressão como um valor absoluto, isto é, como um bem que não está submetido a qualquer limitação e cuja posição não é relativa a nenhum outro bem ou valor. Em outros termos, sustenta-se aqui, freqüentemente sem afirmá-lo explicitamente, que a expressão livre da opinião (ou a opinião livremente expressa) constitui um bem de tão grande porte que a nenhum outro está submetido ou condicionado, que se subtrai a qualquer constrição, mesmo àquela motivada pelo horizonte dos valores.

É a nova metafísica moderna, o *nec plus ultra*, o fetiche que nos define do ponto de vista civilizacional, a nós que vivemos no interior de um quadro de valores democráticos, iluministas e republicanos. Mas será que os valores que a liberdade de expressão sustenta são tão supremos que mesmo as expressões em flagrante violação de normas morais bem fundadas devem ser intocáveis? Toda e qualquer expressão, mesmo a falsa e, sobretudo, mesmo a mais imoral ou danosa moralmente, deve ser respeitada?

Seria uma tal posição sustentável? Na verdade, pode-se apresentar uma série de objeções razoavelmente consistentes contra essa compreensão, a começar pelo fato de que mesmo o Código de Direitos mais humanista, democrático e liberal jamais afirmou que a liberdade de expressão seria um direito absoluto. As restrições a que se submete decorrem da sua acomodação a outros direitos que lhe são equivalentes ou, até mesmo, superiores. Com efeito, os outros humanos têm direitos importantes que, por vezes, podem ser prejudicados pelo conteúdo material da minha opinião livremente expressa, de forma que para assegurar tais direitos é a própria expressão que precisa ser, legalmente, controlada. Ademais, sempre se considera que as exigências do bem comum previsto no contrato social ou mesmo a segurança de todos podem, eventualmente, valer mais que a expressão livre da opinião singular. É claro que as restrições à liberdade de expressão não podem se estender além do que se prevê em lei, no caso dos exemplos acima, sob pena de comprometimento da qualidade democrática do ordenamento jurídico. Mas é fato que embora queiramos distinguir entre o fato moral e o legal, a compreensão jurídica que se pactua nos diversos códigos, convenções e constituições demonstra, pelo menos, o quão pouco é socialmente arraigada a idéia da liberdade de expressão como valor absoluto numa reflexão responsável sobre o contrato social e os valores que o orientam.

Mesmo a constituição americana, que parece retirar parte considerável do seu charme democrático da sua Primeira Emenda, considera certamente a liberdade de expressão um importantíssimo valor, mas assegura que os indivíduos que se expressam livremente possam ser censurados repressivamente, isto é, possam ser responsabilizados pela publicação de material ofensivo ou que lese algum direito dos outros.

Na verdade, nem mesmo os valores que aprendemos a respeitar na nossa cultura republicana ou liberal ou capitalista, como a propriedade ou a vida, parecem ser absolutos, ou seja, independentes de algum contexto de validação. A propriedade é um valor, mas admitimos, inclusive de modo legal, que indivíduos possam ser expropriados em certas circunstâncias, como punição por algum ato ou à vista de algum outro valor. É certo que a vida humana deve ser respeitada como altíssimo valor, que o princípio "a vida é preferível à morte" pode ser objeto de consenso quase universal, mas admitimos exceção, legal e moral, a esse princípio e a esse valor em certas circunstâncias. O único valor que parece objeto de sólido e fundado consenso – porque, justamente, funciona como fundamento de toda a escala de valores morais – é a dignidade humana. Todo homem, simplesmente pelo fato de ser homem, é digno, portanto, merecedor de respeito e consideração. Se podemos até mesmo imaginar mundos – infernais – onde legalmente se possam constituir exceções a este princípio, não conseguimos imaginar como tais mundos possam ser ainda moralmente sustentáveis.

Se admitirmos a dignidade humana como único valor absoluto, mesmo os preciosos valores liberais e republicanos, como liberdade de expressão, liberdade de opinião e liberdade de imprensa, retiram daqui o seu sentido e a sua legitimidade. É porque os homens são dignos que a vontade livre é um valor; porque dignos, os homens devem ter assegurada a sua liberdade no modo de vincular-se e existir no interior do contrato social. Por outro lado, o sentido e a legitimidade desses valores se mantêm apenas enquanto em alguma situação concreta de aplicação não produzam efeitos contrários à dignidade humana. O que quer dizer, de maneira muito simples, que a liberdade de expressão é um valor moral e é legítima eticamente apenas enquanto o seu exercício não produzir atos cujos efeitos sejam contrários à dignidade dos outros. Isso implica dizer, sob este aspecto, que uma ação concreta não é moralmente correta apenas porque é um ato de expressão livre da opinião; a avaliação moral que decide sobre a sua correção ou incorreção levará em conta fundamentalmente o fato de ser um ato em que a dignidade do outro homem é respeitada ou não. Dito de outro modo, a liberdade de expressão como princípio e valor não basta para legitimar moralmente os atos concretos em que tal princípio é exercido; pode acontecer de um ato singular de livre expressão ser perfeitamente imoral. São dessa natureza, certamente, as publicações e os atos de fala ofensivos, infames, difamatórios e humilhantes, na internet ou fora dela, mesmo quando exercidos na mais perfeita liberdade. Antes, sobretudo quando exercidos na mais perfeita liberdade.

O que quer assegurar o princípio da liberdade de expressão? Como as grandes instituições da sociedade burguesa (iluminista, moderna, etc.) a liberdade de expressão é, antes de tudo, um princípio negativo. Nasce no mesmo contexto das discussões sobre esfera pública e opinião pública e em aberta polêmica contra o Estado aristocrático. Surge como bandeira de uma classe – a burguesia – economicamente predominante, mas privada de poder político, justamente como reivindicação de participar da decisão dos negócios políticos, numa arena em que as antigas investiduras aristocráticas e teocráticas dessem lugar aos direitos de fala, de palavra, portanto de opinião e argumentação. Para tanto, segundo o modelo idealizado da breve experiência democrática grega, os burgueses exigem que as questões relativas ao bem comum sejam resolvidas em arenas argumentativas que respeitem o princípio de que cada homem livre tenha uma quota de poder deliberativo e tenha a possibilidade de livremente opinar e de discutir as opiniões dos outros em matérias de concernimento comum. Arenas, portanto, que se orientariam idealmente pelo valor do melhor argumento, da opinião superior sobre qualquer matéria em discussão.

A liberdade de expressão da opinião é, nesse contexto, uma forma de assegurar, ao cidadão comum, chances efetivas de intervenção na esfera da discussão pública, mais precisamente, uma forma de fazer com que ele valha como parceiro da disputa argumentativa sobre os negócios políticos comuns na esfera em que esses negócios deveriam ser decididos. Garantir liberdade para a expressão de cada indivíduo equivale a assegurar-lhe as possibilidades de sua existência como sujeito de direitos, como cidadão pleno; o exercício da opinião livremente expressa equivale, para o indivíduo que a pratica, à sua passagem da condição de concernido pela decisão dos negócios comuns à condição de participante da disputa argumentativa que, eventualmente, a resolve.

Em tal contexto, dizíamos, a liberdade de expressão é um princípio negativo. Antes de tudo, enquanto tese, a liberdade de expressão faz parte da bagagem ideológica de um movimento social que visa estender as chances de influenciar as decisões relacionadas à coisa pública para além do conjunto de sujeitos eleitos pela seleção realizada pela aristocracia que então domina os Estados nacionais. Na concepção burguesa e iluminista, deveriam ser admitidos à quota daqueles capazes de influenciar as decisões sobre o bem comum todos os *maiores*, a saber, todos os indivíduos livres e capazes de uso da razão. Isso equivale a dizer que deveriam ser admitidos nessa esfera todos aqueles capazes de *opinião livre*, os capazes de livremente oferecer *lances argumentativos* na disputa pública sobre questões do bem comum. Assim, a liberdade de expressão, quando polemicamente quer vincular cada quota de poder de decisão política à capacidade de praticar a arte da palavra, ou seja, à capacidade de ter opinião e de ser capaz de expressá-la, é argumento em contraste com um Estado cujo princípio de decisão está localizado num círculo de indivíduos investidos de tal poder por direitos de sangue, unção religiosa ou porque selecionados por detentores de tal investidura. Pois, afinal, como alternativa polêmica é que se concebe o modelo de democracia moderna fundada no imperativo segundo o qual deve ser dada a cada indivíduo a liberdade de formar a própria opinião, de influenciar a formação da opinião dos outros, bem como a liberdade de expressar o que efetivamente pensa.

Em segundo lugar, o dispositivo social ou contraprincípio contra o qual se põe a liberdade de expressão é a censura, conhecida primordialmente como censura de livros – mesmo daqueles livros copiados à mão. A censura é em princípio uma atividade de supervisão ou seleção (ou "corte", donde vem o seu nome) praticada sobre as publicações e exercida por uma autoridade eclesiástica ou civil como forma de evitar que se publique aquilo que se considera indevido. O princípio que orienta e legitima socialmente a censura desde a sua origem é a convicção de que idéias (a) erradas ou que induzem ao erro cognitivo ou moral, (b) danosas ou nocivas e (c) ofensivas – tudo isso do ponto de vista de uma concepção dominante da realidade – não deveriam vir a público e, portanto, deveriam ser descartadas das publicações.

Com o tempo, o que se conhece por censura ganhou duas formas: a) a da censura propriamente dita, ou *censura prævia*, que consistia num exame dos materiais expressivos antes da sua publicação para descarte prévio daquilo que se considerava indevido; b) a da repreensão posterior[5] com, eventual, exigência de retratação e/ou proibição de circulação da obra, a assim chamada *censura repressiva*.

Historicamente, a vitória do modo de vida burguês e democrático no campo político comportou, por necessidade, a afirmação da liberdade de expressão e a supressão da censura legal como direito de Estado[6]. Entretanto, se a liberdade de expressão pareceu incompatível com a *censura prævia*, contra a qual se opunha, tendo esta sido, por isso, abolida dos Estados democráticos, não parece ter existido igual percepção com respeito à *censura repressiva*, que, pelo menos parcialmente, parece ter se acomodado confortavelmente às constituições mais liberais e democráticas. Com efeito, a velha cen-

---

[5] Mesmo constituições democráticas e modernas que aboliram a *censura prævia* mantiveram o exercício da censura repressiva na forma do ritual e do ato político da repreensão parlamentar à autoridade do Executivo. É esse precisamente o sentido das chamadas moções de censura.

[6] Naturalmente, não proibiu que as instituições particulares praticassem a censura no interior das suas esferas, apenas eliminou a censura exercida pela autoridade civil sobre a publicação do conjunto dos cidadãos no interior da esfera pública. A Igreja, por exemplo, continua exigindo que uma autoridade eclesiástica conceda o seu "imprimatur" sobre qualquer obra que se pretenda eclesial.

sura repressiva ganha a forma legal (a) das leis de imprensa – por vezes, muito severas – e, particularmente, (b) das regulamentações sobre ofensa, através da publicação, à imagem, honra e dignidade de pessoas ou grupos de pessoas. De forma que a liberdade de expressão, no Estado democrático, é liberdade de apenas dizer, mas ao mesmo tempo a obrigação de responsabilizar-se, mesmo penalmente, por aquilo que se diz.

Na verdade, há duas formas de *censura repressiva* (ou, se preferirmos, de exercício de autoridade para o exame e avaliação da opinião publicada e para intervenção repreensiva ou repressiva sobre aquela opinião publicada julgada indevida) ainda em vigor na maior parte dos Estados contemporâneos. A primeira, consiste no aparato legal voltado para o controle e regulamentação da expressão publicada com o propósito de proteger certos direitos civis típicos do estado democrático de direito, a saber, o direito à intimidade, à privacidade, à honra, à dignidade pessoais, o direito à imagem de pessoas e instituições e o direito à segurança da coletividade. A segunda, consiste num conjunto de dispositivos sociais, grande parte juridicamente dados, voltados para coibir e reprimir a expressão publicada em discordância ou conflito com a opinião particular dominante, que coincide ser justamente a daqueles que exercem a autoridade.

A distinção entre as duas formas é, na prática, mais sutil do que estamos geralmente dispostos a admitir, mas certamente podemos dizer que a segunda forma de censura repressiva é comum apenas em Estados dotados de menor – ou nenhuma – convicção democrática. A censura repressiva deste segundo tipo leva diretamente à figura democraticamente execrada do «delito de opinião», isto é, à possibilidade de se tornar criminosa e objeto de perseguição penal a opinião materialmente divergente da opinião da autoridade. No estágio máximo de distanciamento do modelo democrático, o Estado ou a instituição pode repreender ou reprimir não apenas a opinião publicada, como toda e qualquer forma de informação publicada capaz de formar uma opinião pública contrária aos interesses da autoridade.

Deste quadro sumário emerge uma constatação importante para o nosso argumento: mesmo nos Estados onde se sustenta a liberdade de expressão como valor democrático muito elevado, a afirmação de tal liberdade não exime quem dela se serve de ser reprimido ou repreendido, através de variados instrumentos, por causa da sua opinião livremente expressa. Aliás, justamente a liberdade de expressão da opinião torna-se uma forte razão para a responsabilidade penal do opinante: ninguém o impediu de publicar, ninguém o forçou a publicar[7], portanto ao indivíduo que o fez são adequadamente imputáveis as conseqüências do seu ato de expressão.

A palavra "censura" provoca medo e desassossego mesmo no mais distraído defensor de uma cultura democrática. Mas não se pode, pelo menos dessa vez, ficar preso nas malhas das palavras e do seu peso histórico – pode-se ir às coisas mesmas. Há alguns elementos incluídos na antiga noção de censura que deveriam merecer a atenção: a) há a intervenção de uma autoridade (isto é, de uma instância institucional ou subjetiva autorizada) com poder discricionário capaz de estabelecer *o que deve ou não deve* ser publicado; b) a seleção se orienta por um quadro de valores, a partir do qual o "deve ou não deve" se legitima; c) a seleção visa a prevenir o mal ou a reprimi-lo, uma vez praticado.

Os problemas morais históricos associados à censura situavamse em (a.1) quem autorizava a autoridade? A autoridade era outorgada por uma *parte* da sociedade que se pretendia como totalidade ou como representante da única unidade por ela considerada legítima; (b.1) a parte que se acreditava autorizada julgava a partir do seu quadro *parcial* e *particular* de valores que impunha dogmaticamente; (c.1) o mal que se queria prevenir ou reprimir freqüentemente era assim caracterizado apenas a partir de uma tábua particular de valores. Em suma, faltava tudo aquilo que é essencial para a fundamentação da normatividade moral: racionalidade e universalidade.

---

[7] Com efeito, existe um duplo sentido de "liberdade", conforme a definição agostiniana da liberdade como "ausência de coação": as chamadas *liberdade de* (uma coação) e *liberdade para*.

Entretanto, vivemos em sociedades democráticas onde algumas dessas dificuldades devem ser repensadas: (a.2) a autoridade se legitima pelo contrato social de tipo democrático, o seu poder não deve decorrer, em sociedades plenamente democráticas, de uma investidura de origem heterônoma, mas de uma outorga feita por uma quantidade determinada de cidadãos, de tempos em tempos reavaliada através dos mecanismos eleitorais; (b.2) o Estado de direito visa a assegurar que os horizontes de avaliação se realizem no interior de uma constituição leiga e apartidária e que, de algum modo, possam ser revistos a qualquer momento em que mude o equilíbrio de forças; (b.3) uma norma ou um juízo moral só deve ser considerado suficientemente fundado e, portanto, digno de consenso, se estiver aberto ao exame racional e se provar-se universalmente sustentável, através de procedimentos argumentativos abertos e lealmente conduzidos.

A prescindir de uma dose considerável de idealização nesse quadro acima, ele pelo menos tem a virtude de indicar o modelo de sociedade que orienta a mitologia democrática nesse novo milênio, à luz do qual, justamente, se travam os nossos grandes debates ideológicos. Além disso, não podemos continuar a lidar com a questão da liberdade de opinião como se acabássemos de deixar às nossas costas a Idade Média e os seus valores e tivéssemos medo de que, à nossa menor hesitação teórica, os defensores do modo de vida medieval nos conduzissem de volta; não podemos considerar de maneira correta o problema da liberdade de expressão como se ainda estivéssemos fazendo a revolução contra a aristocracia dominante. Fora as exceções de praxe dos Estados em que ainda imperam a brutalidade política e as tiranias, o modo de vida burguês e iluminista venceu as suas batalhas – não precisamos fazê-las todas de novo e o tempo todo.

3. Conclusões (Provisórias)

1. A liberdade de expressão é um valor, mas os atos singulares de expressão livre não necessariamente são valores. A liberdade da expressão não é condição bastante para a sua legitimidade moral. É bom que exista liberdade de expressão, mas a liberdade da expressão

não a faz necessariamente boa. Confundir as duas ordens de coisas pode ser fatal em termos de ética: a liberdade de expressão é uma condição moralmente correta do ato de expressão da opinião; a liberdade da expressão (ou de uma expressão singular) é só uma característica objetiva da sua realização e não uma legitimação moral do seu conteúdo. É bom para a expressão que ela seja livre, mas uma expressão livre pode ser muito má do ponto de vista moral. A liberdade não é uma propriedade das coisas e atos, algo que as qualifique essencialmente, é apenas uma condição – positiva – da sua existência ou da sua realização, sem força suficiente para qualificar moralmente a matéria de coisas e atos. Preferimos governos livres e homens livres, mas sabemos que a sua liberdade não é suficiente garantia da sua moralidade e virtude.

Além disso, certas opiniões, livremente expressas, podem ser imorais, enquanto podem ser lesivas da dignidade de outros homens ou de uma qualquer das suas classes. Atenta-se contra a dignidade dos outros homens com o discurso ofensivo, a infâmia, a difamação. Estas opiniões são, de um ponto vista moral, perfeitamente censuráveis, no sentido de repreensíveis. Sob este aspecto, não há discordância. Esta começa quando emerge a conseqüente pergunta "se tais opiniões são censuráveis, por que não censurá-las legitimamente?". Na resposta a tal indagação é que os partidos se formam e a cisão está estabelecida.

2. Exceto para os mais radicais, a maior parte de nós não considera propriamente um problema a *censura repressiva* ou, como se diz hoje, a responsabilidade penal ulterior daquele que opina e publica. Sustenta implicitamente esta disposição a compreensão de que alguns materiais publicados podem ser considerados imorais por ofenderem a dignidade de outros seres humanos. É moralmente correto, concordamos, que o mal[8] possa ser repreendido ou reprimido, uma vez praticado. Ora, parece coerente que o raciocínio se complete: se

[8] Estamos, evidentemente, falando do mal moral e não do mal ontológico, se é que este último existe.

o mal deve ser reprimido por que não deve ser evitado? Se o mal pode ser evitado, por que não fazê-lo?

Cremos que a razão pela qual se cria um abismo, logicamente injustificável, entre a repressão e a prevenção vem da nossa experiência histórica, que verificou o fato de normalmente se praticar um mal ainda maior ao tentar prevenir o mesmo mal, suposto ou verdadeiro. Quase diríamos que a debilidade lógica do raciocínio se explica em sede psicológica: historicamente experimentamos que os atos de controle prévio de conteúdos tendem a ser violentos, abusivos e fora do controle da ética ou da democracia. Ora, isso nos ajuda a compreender a natureza da contradição, não a justificando, entretanto.

3. De qualquer forma, a nossa experiência histórica parece ensinar que o controle prévio de conteúdos pode ser eticamente defeituoso – freqüentemente o foi e ainda o tem sido. Para uma ética teleológica – ou o sistema teórico da moral que considera que a qualidade moral do propósito da ação se transfere para os atos pontuais voltados para alcançá-lo – isso não foi e continua não sendo um problema. Mas uma ética teleológica é injustificável: os fins não justificam os meios e cada ato humano pontual deve ser julgado singularmente. Devemos, portanto, nos resignar aos procedimentos repressivos e, diante da regularidade da história, renunciar aos procedimentos preventivos? As constituições democráticas têm procurado "dar a volta" no problema mais do que resolvê-lo, o que já denota a sua tendência a creditar à intervenção prévia mais problemas para a ética e para o modo de vida democrático do que soluções moral e democraticamente fundadas. De qualquer forma, esta não é mais uma questão de ética. No campo moral é suficiente que se tenha demonstrado que certos materiais são censuráveis e que, portanto, não seria moralmente incorreto se fossem censurados. Além do mais, a experiência do «como evitar que se faça o mal ao tentar evitá-lo» é um dilema moral desde sempre.

4. O problema da realizabilidade ou não do controle prévio de conteúdos tem uma face que exige considerações factuais: sabemos que certos conteúdos são indevidos, mas temos meios de evitar que

eles sejam publicados sem que este ato de impedimento se torne imoral e antidemocrático[9]? Mas há também outras faces que dizem respeito, em pleno, ao problema moral: a) quem realiza o *juízo de valor* que pode, eventualmente, se transformar em *intervenção de controle*? b) como este juízo de valor – em si mesmo considerado e, sobretudo, em função da sua legitimidade para a intervenção – seria fundamentado de maneira a se garantir legitimamente no conjunto da pluralidade de percepções e avaliações do mundo, freqüentemente em desacordo entre si?

5. Consideramos que um dos grandes problemas relacionados ao controle de conteúdo e às restrições prévias ao exercício da liberdade de expressão consista na percepção, historicamente confirmada, de que o ato de intervenção para controle da expressão e o poder de realizá-lo não estão fundados em juízos de valor válidos racional e universalmente. Isso porque a tendência normal de qualquer sociedade é (a) transformar a avaliação moral de um ato ou de um caso singular em juízo de valor sobre uma classe de atos ou fatos; (b) depois, produzir regras, normas, leis que autorizam a intervenção prévia ou repressiva sobre os agentes de tais classes de atos ou de fatos; (c) por fim, um "funcionário" social – a este ponto praticamente dispensado do juízo de valor sobre o caso – deverá situar o caso em sua classe, isto é, classificá-lo, e aplicar sobre o agente o disposto na norma previamente estabelecida.

Tais passagens são muito complicadas do ponto de vista moral, porque não há como se garantir que cada um dos momentos seja eticamente legítimo, de forma que não são raras as aberrações e imoralidades praticadas em nome da moral. Não é sem problemas o decidir que tal ato imoral componha exatamente tal classe de atos imorais, que as leis que devem controlar os conteúdos de tal classe de atos expressivos sejam apropriadas e justificadas e, sobretudo, que o operador da intervenção tenha competência para classificar correta-

[9] São considerações factuais com importantes conexões com o problema moral, mas não são o cerne da nossa questão e as deixaremos de lado neste ensaio.

mente o ato em análise. Mais ainda: é complicado que a decisão de intervenção não seja normalmente precedida pela avaliação moral do ato singular, mas por uma simples classificação do ato em classes preestabelecidas e, evidentemente, simplificadas para uso do funcionário – seja este um delegado ou um juiz. Como impedir que nesse ato classificatório se infiltrem as preferências e os defeitos de juízo provenientes da ignorância, da estupidez ou da má-fé? Como impedir que a ética, que os filósofos querem universal e racional, torne-se uma degenerada *moral de delegacia de bons costumes*?

6. O sujeito da intervenção reguladora há de ser também sujeito do juízo de valor. A decisão moral não é um processo de escolha matemático, não há como reunir todas as seguranças e certezas e nem sempre temos condições de realizá-las. A decisão moral situa-se sempre numa condição de risco, de mistério. Risco que não se reduz simplesmente por causa de uma série de regulamentos dados, como se uma casuística moral pudesse eliminar o fato de que temos o tempo todo que fazer juízos de valor sem termos jamais certezas absolutas e conhecimento pleno. Mesmo nos cercando de toda espécie de regimento e lei, resta, ao sujeito do juízo moral, a decisão de considerar este ou aquele aspecto do ato julgado, as suas motivações, as suas conseqüências – e de viver com isso. Melhor não julgar e é isso o que nos ensinou a modernidade, pelo menos no que tange às coisas da esfera íntima ou, freqüentemente, particular. Mas não há como evitar fazê-lo nos atos em esferas que implicam os outros homens e a sociedade; pelo menos se nos importamos uns com os outros.

7. Normalmente, nos habituamos a pensar que o território moral é terra de discórdia perpétua, de impossibilidade de consenso, uma terra de ninguém. Na verdade, a decisão moral pode ser fundada. Isso quer dizer que tanto a norma moral na qual nos apoiamos no juízo de valor quanto o ato singular da avaliação moral de atos podem ser racionalmente fundados e, por conseqüência, universalmente validados. As normas éticas são legítimas apenas quando racionalmente válidas e validáveis, ou seja, quando razoáveis, quando temos válidos motivos (razões) para aceitá-las se as submetermos ao

exame racional. Na tradição do racionalismo moral, uma norma só pode ser aceita ou imposta se puder ser submetida a procedimentos demonstrativos e se a evidência da sua razoabilidade puder, aí, ser mostrada. Isso quer dizer que podemos sempre apresentar as razões para a aceitação das normas; mas quer dizer ainda mais, que uma norma só pode ser imposta se forem apresentadas, num processo argumentativo leal, as razões para a sua aceitação universal. Sem isso, a norma se torna violenta e se elimina por autocontradição performativa (não podemos admitir uma norma moral que seja, ela mesma, imoral). Ora, um juízo de valor vinculante, o único que pode apoiar ou justificar a intervenção reguladora, só é válido (a) quando a norma que o orienta tiver sido objeto de um discurso prático e superado o seu exame, sendo essa superação manifestada num consenso racional e (b) quando o próprio juízo se expuser leal e argumentativamente na esfera pública e puder ser apoiado por um consenso razoável e, aspecto muito importante, revisável.

Caso contrário, correríamos o risco de, como tem acontecido historicamente, a ética ser usada como álibi para o seu contrário, a barbárie e a brutalidade pseudofundada em argumentos morais. A possibilidade da ofensa e discriminação correntes é tão desagradável quanto a da existência de um Torquemada cibernético a destroçar os nossos computadores e sites para, presumivelmente, destruir o mal que habitaria os seus corações. Por outro lado, gostaríamos de ter a possibilidade de assumir todos os riscos da decisão moral e arriscar a fundamentar o nosso bom julgamento, afirmando, diante de alguns casos, com legitimidade moral, «Não, isso não. Isso não deve ser publicado neste site ou nesta lista».

4. Referências Bibliográficas

AA. VV. «Articoli, relazioni e altri testi sul tema "libertà e censura"»: http://www.gandalf.it/free/home.htm (Cerca de cinqüenta textos).

AA. VV. «Internet: libertà e censura»: http://www.cgil.it/org.diritti/INTERNET/22LUGLIO/22luglio.htm (Coleção de ensaios).

AA. VV «Libertad de Expresión en Internet. Censura en Internet». In: *Revista Eletrônica de Derecho Informático (R.E.D.I).* http://publicaciones.derecho.org/redi/Index_General_/14. (Cinco artigos).

AA. VV. «Le regole dell'Internet». In: *InterLex*: http://www.interlex.it/regole/indice.htm. (Cerca de 80 artigos sobre liberdade de expressão e censura).

BRADLEY, Brian. «The ideology of hate sites: The Constitutional protection versus the ethical dilemma. Legality versus morality». http://www.wiu.edu/users/mubab8/hateindex.htm.

BURTON, Paul F. «Content on the Internet: free or fettered?» http://www.dis.strath.ac.uk/control/CIL96.html.

DULITZKY, Ariel. «La censura prévia en la Convención Americana sobre Derechos Humanos: El caso Martorell». http://www.derechos.org/koaga/vii/dulitzky.html.

ESCANDÓN GODOY, Arturo J., «Censura y liberalismo en Chile a partir de 1990 », Mayo de 1999: http://www.nakamachi.com/censura/index.html

GOMES, Wilson. «Pressupostos ético-políticos da questão da democratização da comunicação». In: VV. AA. *Comunicação e cultura contemporâneas*. Rio de Janeiro, Notrya, 1993, pp.47-94.

GOMES, Wilson. «Ética em tempos pós-modernos». *Textos de Cultura e Comunicação*, Salvador, Ba, v.31, p.97-130, 1994.

GOMES, Wilson. «Propaganda política, ética e democracia». In: MATOS, H. (ed.) *Mídia, eleições e democracia*. Scritta. São Paulo, 1994, pp.53-90.

GOMES, Wilson. «Estratégia retórica e ética da argumentação na propaganda política». BRAGA, J. L. (ed.) *Brasil. Comunicação, Cultura e Política.* Rio de Janeiro, Diadorim/Compós, 1994, op.117-133.

GOMES, Wilson. «Die Diskursethik und die durch die Massenmedien vermittelte und bearbeitete Kommunikation» (mimeo.). Trabalho apresentado no congresso internacional sobre "Ética do discurso. Novos desenvolvimentos e aplicações". Fafich, UFMG. Belo Horizonte 28/08 a 01/09/2000.

LYON HAIGHT, Ann. *Banned books, Informal notes on some books banned for various reasons at various times and in various places*, 3rd ed., 1970, R.R. Bowker Co., New-York & Londres.

MONSIVÁIS, Carlos. «La censura em México»: http://www.iztapalapa.uam.mx/iztapala.www/topodrilo/01/td01_09.htm.

SIN LIMITACIÓN DE FRONTERAS «*La Protección Del derecho a la libertad de expressión em uma internet global*»: http://www.arnal.es/free/info/regard-index.html (texto programático do movimento).

VILLATE, Javier. «*La libertad de expresión en Internet: Retos y amenazas*» *(junio 1998)* http://www.arnal.es/free/docs/censura-f.html (Documento de trabajo que Fronteras Electrónicas (FrEE) ha presentado ante la Comisión de Estudio de Redes Informáticas del Senado Espanhol).

QUANDO A ÉTICA TOMA FORMA
Estratégias discursivas do "Jornalismo de Combate"

Antônio Fausto Neto*

"Nós gostamos de derrubar ACM" **

1. Observações preliminares

Este artigo pretende discutir o tema deste livro, através de um "estudo de caso", a partir da perspectiva da análise dos discursos midiáticos. Seu objeto é o material jornalístico produzido pela revista ISTOÉ, entre fevereiro e maio de 2001, relacionado com vários episódios que culminaram com a renúncia do senador Antônio Carlos Magalhães. Sua intenção é refletir sobre diferentes processos de "intervenção" da ordem da midiatização na esfera do espaço público, e, mais particularmente, as possíveis injunções de sua agenda sobre campos sociais. Examina questões relativas às operações enunciativas

---

* *Este artigo contou com a colaboração dos alunos Clovis Mitsuaki Okada (CNPq), Herton Muller Carvalho e Mariana Bastian (PIBIC).*

** Fragmento da entrevista concedida à Revista Imprensa pelo editor da ISTOÉ Hélio Campos Melo, em junho de 2001 (Chamada de capa da revista).

postas em funcionamento por algumas estratégias discursivas na esfera dos discursos jornalísticos, e que passam a constituir a chamada "atualidade da semana". Não se trata de uma pesquisa sistemática sobre a questão, algo que envolveria o trabalho mais refinado sobre o "corpus". De modo mais específico, o que se pretende aqui com o levantamento das observações que se seguem é o mapeamento de algumas questões que podem, eventualmente, ser transformadas em pesquisas mais elaboradas sobre os processos através dos quais a questão ampla e problemática da ética toma forma no âmbito público. Examinam-se, particularmente, diferentes ações simbólicas operadas pela "pragmática discursiva" do campo do jornalismo, visando não apenas anunciar, como dar os próprios contornos de uma concepção ética através da qual os mídias agem sobre o funcionamento do campo político e também sobre o destino dos seus atores.

No contexto das indicações preliminares, devem ser lembrados alguns pontos que presidem a realização desta leitura.

Em primeiro lugar, assinalar que os discursos jornalísticos se fazem com bases em competências que orientam o seu processo pragmático de produção de sentido. Não se trata apenas de um "*fazer saber*" ao leitorado sobre o mundo da atualidade. Esta é a função social desta modalidade de discurso. Neste caso em estudo, elas vão mais além, pois na esfera do sentido instituem a própria protagonização do jornalismo, operando suas intencionalidades, via a enunciação. Neste caso, o seu dizer se constitui mais do que um relato, pois se converte num fazer ou, por outra, institui instruções, cria expectativas e/ou enquadramentos em torno dos quais os outros devem se orientar e/ou operar seus modos de construir a realidade.

Não estamos, aqui, discutindo os problemas relativos a efeitos de discursos no sentido adotado pela literatura clássica, de inspiração funcionalista. O que aqui se chama atenção é para a capacidade das estratégias discursivas jornalísticas em instituir sentido, mediante ofertas que compõem suas agendas que, desde já, operam e se constituem em "dispositivos de leituras".

Em segundo lugar, reiterar que estes processos de ofertas de sentidos se fazem em meio à multiplicidade de situações discursivas em relação às quais os suportes jornalísticos se encontram subordinados, ou são por elas co-determinados, aspecto que aponta para a natureza complexa que caracteriza o trabalho de investimento de produção de sentido, que se realiza e que é realizado pela esfera dos mídias. Não se trata também de discutir, aqui, as motivações e as razões que fazem de uma publicação porta-voz de idéias e/ou de projetos ético-ideológicos. Do ponto de vista de uma perspectiva somente motivacional, parece ser menos problemático para a dimensão organizacional de um mídia perseguir um determinado modelo voltado para um ideário ético. Porém, o mesmo não se pode dizer quando esta questão se defronta com a problemática da instância da produção de sentidos. Nesta, a busca pelo ideal não depende somente da esfera de intencionalidade, uma vez que o ato mesmo de construir a realidade se desloca, em graus diferentes, da esfera da racionalidade do dispositivo sócio-organizacional, passando e se submetendo a um conjunto de outros "arranjos" permeados, autorizados, ou não, por "vozes" e/ou "regimes de discursividades" que, necessariamente, não estão sob o controle da artesania jornalística.

Em terceiro lugar, lembrar que as motivações de diferentes ordens que presidem o trabalho sócio-organizacional de produção jornalística somente podem colocar a questão dos "efeitos presumidos", caso se façam discursos. É nesta instância que se estruturam possíveis intencionalidades de uma situação de comunicação, pois é nela que as operações enunciativas tratam de definir os "seres discursivos" do processo da comunicação; os lugares de onde proferem suas enunciações; o papel das interdiscursividades na montagem destas realidades; e finalmente as representações em torno das quais se fixa a realidade que é tecida pelo âmbito discursivo.

É a partir destes "cuidados" teóricos e metodológicos, que pretendemos desenvolver algumas observações sobre os mecanismos através dos quais formulações e/ou preocupações de ordem ética "tomam forma". Como dissemos anteriormente, vamos nos apoiar num pequeno "corpus"– edições da revista ISTOÉ, que circularam no período compreendido entre fevereiro/maio de 2001, números cujo objeto de leitura se constitui a cobertura sobre o conjunto de episódios que vai desembocar na renúncia do senador Antônio Carlos Magalhães.

Vamos restringir esta leitura ao que chamamos de a instância argumentativa da revista, um conjunto de operações enunciativas realizadas no âmbito das *capa, carta ao leitor, índice* e as *cartas dos leitores*. Trata-se de um conjunto de seções que tem na "economia discursiva" marcas de intervenções do processo editorial, distintas daquelas que dizem respeito à edição de matérias (reportagens), uma vez que as mesmas são diretamente construídas pelo lugar de um *sujeito da enunciação*, o qual trata de aí inscrever as marcas específicas do processo editorial, enquanto "declaração de intenções" sobre os sentidos que a edição deseja instituir, via agenda, acerca de determinado(s) assunto(s).

Nossas preocupações não se voltam para refletir o mérito que envolve este fato e suas repercussões em diferentes âmbitos da vida do país. Nossos interesses são precisos, e possivelmente mais modestos, quando desejam apontar um conjunto de operações enunciativas pelas quais os discursos jornalísticos não só constituem a realidade, como intervêm, por exemplo, no próprio processo político, constituindo-se como um "ator estratégico", pela importância que tomam junto a outros campos sociais os seus processos de agendamento. Vale dizer que uma das características deste texto é apontar, dentre outras observações, para o fato de que a categoria de agenda somente se torna operatória quando se torna possível examinar diferentes processos que tratam de lhe dar formas e contornos definidos. E que uma das instâncias que, justamente, tece a agenda jornalística se constitui, pois, o trabalho da enunciação de discursos. É a descrição e a compreensão de alguns destes dispositivos presentes nas estratégias discursivas operadas por ISTOÉ que nos permitirão compreender, na descrição feita, as ações e os resultados do "Jornalismo de Combate".

2. Características da estrutura argumentativa

A cobertura sobre o "caso ACM" – assim como a imprensa foi batizando este episódio – se deu no âmbito da ISTOÉ ao longo de uma seqüência de edições entre fevereiro e maio e, mais particularmente, em edições de 21e 28/02; 7/03; 25/04; 2 e 30/05, ocupando diferentes espaços da estrutura editorial, desde as reportagens especiais, passando por seções específicas, como carta ao leitor, índices, charges e as cartas dos leitores.

No corpo desta estrutura editorial existe uma operação enunciativa bastante peculiar, que constitui a esfera da estratégia argumentativa da revista e que passa por uma articulação destas seções – capa, carta do editor, índice e cartas dos leitores – mediante operações que agendam o tema da semana, e que cuidam de pôr em movimento as "ações" que o sujeito da enunciação realiza, na esfera dos discursos, visando instituir os presumíveis efeitos de sentidos junto à esfera dos seus leitores.

Na economia discursiva que caracteriza a produção jornalística sobre a atualidade, estas unidades são espécies de espaços que trazem as marcas da esfera editorial, na medida em que esta "maneja" o conjunto de materiais que foi apurado e que, neste momento, deve sofrer as angulações a serem dadas pelo trabalho organizador do processo de enunciação. São instâncias que condensam de forma quase sempre articulada o "*espírito da agenda*" que vai ser ofertada ao mundo dos leitores. Não se trata de um "espaço da redação", mas de espaço outro que trata de enunciar e dar direção aos "ditos" elaborados pelo espaço da redação, e que se encontram presentes noutro lugar do espaço discursivo. Esta característica não é apenas uma providência derivada da rotina organizacional do processo de produção jornalística. Algo mais complexo que se reporta à questão do exercício do poder na própria esfera do jornalismo como prática social, na medida em que nesta divisão social do trabalho existem processos hierárquicos nos quais se dá a estratificação do próprio processo de construção da realidade. Nestes, cabe a alguns enunciadores (editores, planejadores visuais, etc.) organizar e subordinar a operações de sentido mais gerais o trabalho de produção de sentido de outros enunciadores (subeditores, repórteres, etc.). Em seguida, deve ser lembrado o fato de que sendo o jornalismo um espaço habitado por "*vozes*" e constituído por "*feixes de relações*", torna-se necessário que o trabalho de organização discursiva se dê em torno de mecanismos que tratem de unificá-lo a certos princípios que se sustentam em requisitos inerentes às culturas ética e técnica do campo jornalístico.

As marcas contidas na *capa*, na *carta ao leitor*, no *índice* e nas *cartas dos leitores* pretendem criar um horizonte de alguns efeitos de sentidos: a revelação das feições identitárias do espaço institucional da publicação, que se faz conhecer através de operadores em torno dos quais se estrutura a estratégia enunciativa; a explicitação do "contrato de leitura" que ofereça segurança ao leitor de que seus ditos são fiáveis; os "horizontes" sobre as relações que a instituição jornalística pretende instituir com os fatos anunciados, na forma de enunciados; e, finalmente, a natureza de vínculos a serem instituídos com a comunidade do leitorado.

3. A estrutura em funcionamento

Começaremos a ver esta estrutura em funcionamento através de várias das capas das edições-articulações.

A primeira delas no nível das capas resulta de operações translingüísticas nas quais matérias verbais e não-verbais, por força dos efeitos diagramáticos, se associam ao título da revista, instituindo os primeiros assinalamentos relacionados com a estratégia argumentativa. Considerando neste momento apenas as articulações entre título da revista e os títulos principais das edições, temos:

ISTO É	ISTOÉ	ISTOÉ	ISTOÉ	ISTOÉ	ISTOÉ
Na Lona	Facada pelas Costas	A Fita do Procurador	Só Falta Cassar	O Golpe da Renúncia	O Fim de uma era
21/2	28/2	7/3	25/4	2/5	30/5

Uma vez que o nome da revista se apresenta através de um estatuto indicativo, ocorre uma associação entre este e os títulos de matérias. Este mecanismo gera, desde logo, não apenas a indicação e chamada de atenção para o assunto tratado na edição semanal, mas, ao mesmo tempo, para as angulações e o respectivo tratamento que o dispositivo jornalístico dará ao fato a ser mostrado. Não se trata apenas de indicar de um certo posto de observação a realidade a ser lida. Ao mesmo tempo, ocorre que a enunciação da capa funcione como um lugar de instituição de várias outras "operações" que apontam para diferentes relações que o mídia tem para com o acontecimento relatado.

As capas tratam tematicamente o assunto, na medida em que o mesmo ocupa a quase totalidade da superfície diagramática, através da combinação de títulos, textos e fotos, que guardam entre si várias relações a fim de que possam constituir as agendas de sentidos.

Se observarmos a construção enunciativa sobre o aspecto cronológico, vemos que os títulos se alternam entre o estatuto de indicações e de avaliações, embora a ênfase maior esteja sobre o aspecto avaliativo que os mesmos recebem por parte do dispositivo enunciativo. Quase na sua totalidade, mostram características de que são construídos pelo espaço editorial, isto é, não trazem nenhuma marca de que se refiram a fragmentos de discursos pronunciados por outros atores e noutros contextos. Nestes termos, não há alusões a outros reais. Nenhuma marca da "ordem externa" é tomada como "insumo" para a construção jornalística.

Vale dizer que se alguns títulos destes podem produzir efeitos apenas pelo que contêm de força na esfera do enunciado lingüístico, outros são espécie de senhas que ajudam a ler as imagens sobre as quais os mesmos se reportam. Ou, por outro lado, somente podem ser compreendidos e semantizados, caso o leitor tenha possibilidade de articulá-los com as imagens que com eles guardam associações.

Já na esfera dos enunciados lingüísticos, a publicação realiza várias construções semânticas: profere sentenças (**O fim de uma era**); designa o estágio em que o processo se encontra, através de uma construção exortativa (**Só falta cassar**); assinala ações (**Facada pe-**

las costas) e ainda faz comparecer a presença de objetos, de peças até então apenas alusivas (**A fita do procurador**).

Vemos que nenhum dos títulos contém operadores de identificação que localizem claramente sobre **quem** e sobre **quê** os títulos se reportam, aspectos que somente podem ser aclarados na medida em que sejam consideradas as imagens que, neste caso, funcionam – além de operador de identificação das matérias – articuladas às várias outras operações enunciativas.

Na quase totalidade das capas aqui examinadas, as imagens do ex-senador Antônio Carlos Magalhães fazem parte da sua estrutura textual, mediante diferentes construções que descrevemos em seguida.

a) Imagens Modelizadas

As capas que constituem o "corpus" analisado são construídas através de variados processos de modelização, reunindo um conjunto variado de complexidades em termos de matéria significante. São espécies de capas "inventadas" pelo dispositivo editorial (para fins de indicação, as mesmas estão inseridas no final deste trabalho). Além de se constituírem em decorações para os títulos (verbais), elas têm "ingredientes" próprios para produzir uma quantidade enorme de possibilidades de sentidos.

Aqui estão estruturadas em torno de "situações de argumentação". Na situação (1), temos imagens do rosto de ACM, inserido na totalidade da área da capa, em posição levemente inclinada, olhar perdido, rosto vencido por alguma angústia (?), e recebendo na testa um esparadrapo, numa alusão de que encobre ferimento na altura do supercílio esquerdo. Esta imagem é enquadrada entre a parte superior pelo nome da revista (ISTOÉ) e na parte inferior pelo enunciado **NA LONA**, cuja articulação não faz referência a algum fato, mas visa produzir uma inferência, no sentido de que ACM está batido. Vale observar que estes processos de manipulação da imagem se desenvolvem com freqüência, e são praticados pelo jornalismo das revistas semanais. Há 7 anos, por ocasião da eleição presidencial que envolvia Lula e FHC, a mesma ISTOÉ inseriu em sua edição de 13/7/94, como ilustração para matéria de capa, uma foto de Lula submetida ao mesmo processo de construção: é apresentado com um seu rosto "maquiado" recebendo na parte inferior do olho direito um esparadrapo e apresentando, ainda, sinais de hematomas sobre a região do mesmo olho. Semelhante à mesma capa referida a ACM, a imagem de Lula está envolvida acima pelo nome da revista e na parte de baixo pelo título **Lula sente o golpe**. Evidentemente que tanto no primeiro quanto no segundo exemplos, poder-se-ia dizer que as imagens serviriam apenas como "decoração" para apoiar os títulos. Entretanto, pode-se objetar: por que as imagens não seriam outras? Os fatos que "decoram" os momentos difíceis que os políticos enfrentam deveriam ser visibilizados com arranjos que fizessem alusões a eventuais depreciações que se manifestariam naquelas pessoas, na esfera do próprio corpo?

b) Texto e título em contraposição

Na situação (2), temos as seguintes articulações: em primeiro lugar, colocados lado a lado, no espaço superior da capa, um texto e foto de ACM com FHC, na qual o primeiro cumprimenta efusivamente o presidente. O texto, que é diagramado simetricamente ao lado da foto, diz: "***Os dados que vocês receberam do Eduardo Jorge estão incompletos. O que pega o Eduardo Jorge são os sigilos bancários de 1994 e 1998. Se pegar o Eduardo Jorge, chega ao presidente***". De Antônio Carlos Magalhães a três procuradores da República, na sede do Ministério Público, pouco antes de dizer na Tribuna do Senado que não iria atingir o Governo". Juntando-se ao texto, no plano inferior do espaço da capa, o título **FACADA PELAS COSTAS**. Esta articulação tem sua força argumentativa numa inferência que, de alguma forma, chama atenção para um aspecto paradoxal: ACM não é o que parece ser naquilo que procura externar ao cumprimentar o presidente. O título indica, pois, uma situação de contraposição.

c) Procurador ou co-enunciador ?

A situação (3) tem semelhanças com a apresentada anteriormente. Fragmentos de imagem do procurador Luís Francisco são retirados de um contexto não especificado, para contextualizá-la na estrutura enunciativa da capa da edição de 7/3 com objetivo de co-validar a estrutura argumentativa. A imagem é diagramada ao lado do título "Exclusivo **A FITA DO PROCURADOR".** Nesta circunstância, o procurador é apresentado com um documento que protegia contra o próprio corpo e cujo conteúdo não se conhece (?). Exibe na outra mão um gravador, e com seu dedo indicador aponta para o subtítulo da matéria: "***A fita em poder desta revista confirma a veracidade do que publicamos na semana passada e reforça os indícios que podem custar o mandato de ACM***". ISTOÉ fundamenta a veracidade da matéria através de aspectos retóricos de imagem (como a imagem de uma fita que está contígua ao nome da revista); mediante uma construção de natureza testemunhal; fragmentos de presença (da imagem do procurador, que opera como uma espécie de co-enunciador e, indiretamente, apresentador da edição, legitimando, pois, a natureza da própria cobertura); e, finalmente, quando a revista auto-referencializa seus próprios atos de investigação sobre o caso.

d) Auto-referencialização e manipulação de imagens

A situação (4), que se reporta à edição de 25/4, reúne elementos mais complexos, porque se estrutura em torno de uma estratégia que manipula a imagem, articulando-a, porém, com outros textos nos quais a revista desenvolve uma modalidade de auto-referenciação, para prestar contas de suas ações, bem como outras de caráter avaliativo ao se referir à natureza do que enuncia.

Como se dá a montagem da estratégia? Temos, inicialmente, o texto verbal, inserido no sentido horizontal. Paralelo e contíguo ao nome da revista, e que se desdobra em dois enunciados superpostos: **O Painel do Senado Confirma SÓ FALTA CASSAR**.

No centro da capa, envolta em um texto, a imagem de ACM apanhada de um momento em que caminha pelos corredores do plenário do Senado, mas apresentado de costas para o "mundo do leitor", construção que sugere que ele caminha para fora da cena política. Esta imagem é também ladeada pelo "selo identificador" da cobertura – um exemplar de fita cassete – e pelo texto que a envolve, com a seguinte mensagem: "***Em fevereiro, esta revista publicou o conteúdo das fitas gravadas pelo procurador Luís Francisco de Souza, nas quais o senador Antônio Carlos Magalhães confidenciava ter a lista dos votos secretos que cassaram o mandato de Luis Estevão. ISTOÉ revelou também que foi o líder do governo, senador José Roberto Arruda, quem entregou a lista a ACM. Agora, testemunhas e um laudo da UNICAMP confirmam: ACM e Arruda foram os mandantes da fraude que abala a credibilidade do Congresso***".

A estratégia se faz, de maneira dominante, numa característica injuntiva, apoiando-se em várias articulações. Quando faz seu parecer de "vozes" outras, decreta a culpabilidade de ACM. Apóia-se, especialmente, em discursos que são pronunciados em outros contextos e dos quais o discurso jornalístico é relatador, para concluir, em seguida, por conta própria o que enuncia no título: **SÓ FALTA CASSAR**. Como dissemos, este título aparece articulado espacialmente, por força do recurso diagramático, à imagem de ACM, que, segundo tal construção, se encaminha para o final.

Uma operação já desenvolvida em edições passadas é também atualizada neste caso e trata de reiterar os processos de auto-referencialização das ações investigativas da revista, pelas quais aponta para a legitimidade da natureza do seu trabalho.

Esta capa rompe com as características relacionadas com as rotinas que orientam a produção de outras capas, quando reduz a atualidade a uma dimensão temática. Ela é submetida a várias operações que articulam, ao mesmo tempo, diferentes enunciações translingüísticas em torno de modalizações discursivas de várias naturezas. O discurso jornalístico abandona seu tom inferencial e explicita claramente as intenções de sua agenda.

e) Didatizando o hoje e o amanhã de ACM

Na situação (5), o dispositivo jornalístico apresenta a sua face didatizadora. Desta feita, ao invés de construir uma agenda cuja referência venha a ser as intenções que nutre sobre o caso, assume, via a modalidade do discurso didático, uma estratégia que busca explicar e, ao mesmo tempo, denunciar, por antecipação, as próximas "manobras".

Há uma íntima articulação entre as dimensões verbal e não-verbal que cuidam de estruturar o enunciado de capa. Num primeiro plano, imediatamente após o nome da revista, o título **O GOLPE DA RENÚNCIA**, que é seqüenciado pelo texto: ***"ACM mente mais uma vez, crucifica Arruda, não convence o Conselho de Ética e, para se livrar da cassação, planeja abrir mão do seu mandato, colocar o filho no Congresso e tentar retornar à política como governador da Bahia"***. Sob estes título e texto, a imagem de ACM situada como se estivesse explicando no contexto da enunciação o conjunto de ações que são relatadas na esfera do texto. O braço direito de ACM aparece em posição elevada, destacando-se, particularmente, a alusão que os quatro dedos de sua mão fazem ao texto explicativo da revista, diagramado bem acima, quase fixado à sua imagem.

A estratégia da revista tem, em primeiro lugar, sua natureza denunciatória, especificada pelo próprio título quando trata de singularizar o que denuncia, através do determinativo "*o*". Trata assim de dar mais força ao operador de localização (*golpe*) que vai explicar e denunciar, numa outra instância de sua estratégia, as ações que estariam, portanto, previstas, na estratégia de ACM.

O que chama ainda atenção é o fato de que ações de ACM não se passam alhures. Parte delas não é meta e nem intenção. Elas ocorrem na realidade temporal da própria enunciação jornalística, pois são descritas como se estivessem ocorrendo no tempo e nas circunstâncias mesmas em que a edição é produzida, para fins públicos. Esta situação de "efeito de sentido" se faz através de marcas verbais que apresentam as ações e ACM num tempo presente: ***mente; crucifica, não convence; planeja***. A natureza do discurso didático visa, neste caso, evidenciar momentos de uma situação. Ao mesmo tempo prevê também seus desdobramentos, e o faz via as dimensões do discurso antecipatório. Neste caso, são seqüências de iniciativas que visam, finalmente, "***colocar o filho no Congresso e tentar retornar à política como governador da Bahia***".

f) Sentenciamento para além da renúncia

A situação (6) se constitui numa capa que apresenta uma argumentação das mais complexas, embora seja construída reunindo resoluções gráficas de aparente simplicidade. A capa tem uma dupla articulação. Na primeira, é composta por uma *carta* do diretor da Editora Três anunciando um lançamento de um produto, ao lado de imagem de ACM que é um fragmento menor daquela que foi publicada na edição de 25/4, e aqui comentada como situação (4). Esta imagem é inserida nesta edição, na mesma posição em que ele é mostrado naquela edição: de costas. Sob esta imagem, o título **O FIM DE UMA ERA**. A segunda se trata do mesmo formato, sendo que a carta do diretor da Editora dá lugar a um texto sobre a atualidade da semana, mantendo-se, porém, o restante do formato da primeira articulação.

Observa-se que a capa resulta de uma estratégia que reúne, ainda, as seguintes características: em primeiro lugar, recorre ao uso de imagens modelizadas, com fragmento de uma fotografia inserida como um componente da estratégia como um todo. Este fragmento é transformado não só em "selo identificatório" da edição, como também numa metáfora de ordem visual, pois a reinserção dessas imagens nos mesmos moldes da que foi apresentada em edição anterior institui, como efeito de sentido, a mensagem segundo a qual a revista não só põe ACM fora de cena, como decreta ***o fim de uma era***.

Em segundo lugar, deve ser assinalado que os discursos publicitário e jornalístico se misturam. Estão presentes na capa, codeterminando o lugar institucional da revista como prestadora de serviços comerciais e praticante do "jornalismo cívico". De um lado, a instância da capa serve como estrutura para lançamento de um produto comercial, o Guia Saúde da Família, e o fundamento que o diretor argumenta para fazê-lo é associar o produto às preocupações e aspirações de fundo jornalístico da publicação: "***A revista ISTOÉ está sempre empenhada em proporcionar a melhor informação jornalística e analítica para seus leitores. E assim como em nosso jornalismo, a preocupação com a qualidade do conteúdo é também demonstrada em nossos constantes lançamentos de coleções*** (...). De outro, pratica o "Jornalismo de Combate".

Em terceiro lugar, o enunciado da redação, que aparece, na segunda articulação, ao lado da mesma imagem, permite algumas observações, a serem destacadas após a transcrição do texto: "***A renúncia de Antônio Carlos Magalhães é um fato histórico. Um dos homens mais poderosos do País, ele reinou durante décadas com astúcia e truculência. Sua saída do senado pelas portas dos fundos fulmina um estilo de fazer política que os brasileiros esperavam ver enterrado. Depois da esmagadora derrota no Conselho de Ética, ACM resolveu desistir do mandato para poder disputar a eleição para governador em 2002. Mas, a julgar pelo povo da Bahia, que hoje toma as ruas em protesto, não será uma tarefa fácil***".

O enunciado avalia a renúncia de ACM ***(é um fato histórico)***. Qualifica, igualmente, as condições em que reinou (*com astúcia e truculência*). Explica por onde saiu da política ACM (*pelas portas dos fundos do Senado)*. Além de oferecer estas dimensões avaliativas sobre a renúncia, o discurso jornalístico é também predicativo ao anunciar o **fim de uma era**. Mas não fica aí, vai mais além, restabelecendo a estratégia antecipatória já utilizada noutro momento para qualificar as intenções futuras de ACM de se candidatar ao governo da Bahia. O enunciado opina e qualifica: "**Mas, a julgar pelo povo da Bahia, que hoje toma as ruas em protesto, não será uma tarefa fácil**".

g) Legitimando a competência do modo de dizer

É na esfera da seção da "Carta ao leitor" que o campo jornalístico apresenta os fundamentos das orientações editoriais, institui algumas pistas sobre o "contrato de leitura" posto em funcionamento, mas, sobretudo, anuncia as razões que legitimam sua vinculação com os fatos, segundo determinadas circunstâncias. É nesta esfera que o "campo midiático" faz defesa de suas posições e, de modo particular, do processo que o leva a construir a sua agenda, segundo determinados critérios postos em cena. Grosso modo, isso é uma característica dominante da "política enunciativa" da publicação. Através dos exemplos, estes critérios se fazem enunciar:

(1)

A ***divulgação****, na última edição de ISTOÉ, dos surpreendentes diálogos travados entre o senador Antônio Carlos Magalhães, seu secretário, Fernando César Mesquita, e os procuradores da república (...) provocou grande rebuliço (...) e indignação. Foram muitos os que deram mais importância às fitas do que ao conteúdo delas. Perguntava-se: Como ISTOÉ teve acesso às gravações? Quem gravara ? Como gravara? (...). O resultado do trabalho está à pág.24, na reportagem de capa assinada por Mário Simas, André Meireles e Mino Pedrosa.* ***Os três pertencem ao primeiro time da revista, tendo sido Mino, com os jornalistas Augusto Fonseca e João Santana, o grande responsável pela história do motorista Eriberto, capa da ISTOÉ de 8 de julho de 1992, que acabou por derrubar o presidente Fernando Collor*** (...). (7/3)

(2)

O relato da ex-diretora confirmou de maneira ***insofismável*** *a* ***série de reportagens*** *publicadas por ISTOÉ desde fevereiro. Naquela ocasião, nossos leitores ficaram sabendo, pelo trabalho dos repórteres Andrei Meireles e Mino Pedrosa, que o senador Antônio Carlos Magalhães foi ao ministério público (...) A reunião foi providencialmente gravada pelo procurador Luís Francisco de Souza, e ISTOÉ publicou o conteúdo das fitas na última edição de fevereiro. (...) Não fosse a fitinha do procurador,* ***conseguida pelos repórteres de ISTOÉ****, permaneceriam impunes as práticas do senador Antônio carlos Magalhães*(..). (25/4)

(3)

O senador Antônio Carlos Magalhães recorreu mais uma vez ao punhal que, com maestria, já havia cravado nas costas de seu então aliado, o presidente Fernando Henrique Cardoso. Agora, o alvo também atinge com a mesma eficácia as costas dos bravos parlamentares do PT (...). Por outro lado também será difícil para o velho senador, ***agora que se aproxima a hora de sua cassação****, receber algum tipo de apoio como pagamento pelos serviços prestados ao Planalto. (...) Esta situação deixa ACM* ***cada vez mais perto de uma renúncia*** *para pode garantir pelo menos uma sobrevida* (...). (16/5)

(4)

Tudo isso e mais os fatos recentes da renúncia de Antônio Carlos Magalhães – bem simbolizada pelo fotógrafo Ricardo Stuckert na seqüência de fotos ao lado – tornam a ***leitura da entrevista das páginas vermelhas quase obrigatória****. Mário Rosa, jornalista que passou para o outro lado do balcão, é hoje um expert em crises. Mais que bombeiro,* ***ele é um terapeuta da imagem*** (6/6).

Os discursos jornalísticos praticam um conjunto de estratégias com as quais definem os processos legitimadores relativos aos procedimentos de produção da realidade e que são desenvolvidos nas diferentes etapas que caracterizam a rotina da redação.

Os exemplos presentes nos enunciados expostos chamam atenção para os seguintes aspectos: em primeiro lugar, a característica coletiva que ilustra o trabalho do jornalismo dá lugar à performance de atores. É o perfil dos jornalistas engajados na cobertura que dá o tom de credibilidade ao que é mostrado ("*os três pertencem ao primeiro time da revista*"). Ou, ainda, "tudo isso e mais os fatos recentes da renúncia de ACM *bem simbolizados pelo fotógrafo* (..)". Em segundo lugar, a "competência jornalística" é inquestionável. Pratica-se o auto-elogio. A complexidade dos relatos de terceiros somente se torna inteligível por causa da mediação da técnica de apuração (O relato (..) confirmou de maneira insofismável a série de reportagens publicada por ISTOÉ"). Em terceiro lugar, a qualidade de suas seções editoriais é sempre co-validada pela autoridade de quem se constitui o objeto das matérias, como é o caso das "páginas vermelhas", cuja pertinência jornalística é sancionada pela fonte da entrevista – "*o terapeuta da imagem*". Em quarto lugar, a modalidade do discurso jornalístico, a exemplo do discurso político, se faz em meio a um "mecanismo binário: de um lado qualifica positivamente seus próprios atos. De outro desqualifica o adversário, enquadrando-o, sempre, numa situação por ele definida (também será difícil para o velho senador **agora que se aproxima a hora de sua cassação**, receber algum tipo de apoio ...) . Vemos, pois, que no fundo a carta ao leitor é também uma estrutura de venda das edições.

g) Construindo a legitimação via leitor instituído

Sabemos que a seção Carta dos Leitores é uma invenção dos processos editoriais para estabelecer certas possibilidades de interação, que são instituídas e reguladas por eles, com os receptores. As regras destes "contratos" são definidas sob certas condições organizacionais e éticas, o que torna o dispositivo jornalístico, num primeiro momento, receptor do discurso do leitor. Num segundo momento, se converte em organizador da estratégia discursiva, na medida em que as possibilidades para que os materiais dos leitores sejam visibilizados, na esfera da edição, requerem a presença de outros mecanismos que, fugindo ao controle dos leitores, passam a organizá-los a seu modo. O conjunto de enunciados contém operações enunciativas através das quais os discursos jornalísticos instituem alguns dos mecanismos de legitimação de sua atividade. Constituem a "comunidade de receptores" regulando a presença de suas falas no dispositivo de produção de sentido; transforma-as em discursos etiquetados; autoriza-as a operar no interior de uma pragmática, onde se converte num discurso organizado e a serviço da lógica do "Jornalismo de Combate". Como operam estes mecanismos?

(1) "A cada dia ISTOÉ se consolida pela independência que parece faltar a alguns setores da imprensa" (28/2)

(**2**) "Parabéns a ISTOÉ e aos procuradores por não se furtarem ao cumprimento do dever" (7/3)

(**3**) "Não entendo a razão de a grande imprensa, nesse episódio das denúncias do referido senador, dar a impressão de que somente ele se beneficiou da ditadura. E os outros?" (7/3)

(**4**) "Gostaria de parabenizar a ISTOÉ pela coragem e profissionalismo na elucidação dos fatos relacionados com a quebra do painel do Senado" (2/5)

(**5**) "Parabenizo esta revista pelas matérias que vem publicando sobre a violação do painel eletrônico do senado, pois fazer um jornalismo sério e imparcial tem sido o código de ética dos seus editores. Só através dessas informações, que nos são fornecidas pela imprensa séria, é que nós, brasileiros comuns, poderemos descobrir quem são os "homens "que estão nos representando" (2/5)

(**6**) "Durante a semana tivemos a constatação que a capa da revista ISTOÉ 1647 está perfeita. (...) Dá a direção exata que todo o Congresso deve tomar: "Só falta cassar". Cassação já de todos os envolvidos" (2/5)

(**7**) "Parabéns ao procurador, aos repórteres Mino Pedrosa e André Meireles e toda a equipe da ISTOÉ pelo trabalho desenvolvido, quase que isoladamente, na denúncia da violação do painel eletrônico do senado. A vitória é da ISTOÉ" (9/5)

(**8**) "Parabenizo o profissionalismo com que esta revista vem tratando o assunto, mostrando-se porta-voz da opinião pública cansada deste mar de lama em que se transformou o Congresso Nacional" (9/5)

(**9**) "Estou feliz por ISTOÉ tentar desmascarar este "Toninho Malvadeza" (9/5)

(**10**) "Se hoje descobrimos que os reis estão nus, foi graças a Luís Francisco, no judiciário, e a ISTOÉ na imprensa. Resta ao legislativo completar o serviço, cassando ACM e Arruda" (16/5)

(**11**) "A linha investigativa da revista é muito boa e demonstrou a importância da verdade no processo político brasileiro" (16/5)

(**12**) "Excelente a reportagem publicada pela revista ISTOÉ "O Painel do Senado confirma: Só falta cassar" (ISTOÉ 1647). Há muito tempo não se via nada de tão corajoso na imprensa brasileira (...). Pedir a cassação de um homem desses, em manchete nacional, é(...) prova de independência" (...) (23/5)

(13) "Muita coragem pela coragem e imparcialidade em expor os fatos da política suja do senado. Há muito venho acompanhando o trabalho da ISTOÉ, que ao contrário das concorrentes, nunca fugiu de suas responsabilidades (...) Foi através das reportagens e denúncias desta revista que Toninho Malvadeza renunciou (...)"

No caso do material acima mencionado, constata-se o seguinte: as cartas inicialmente enviadas transformam a redação no seu lugar de edição na medida em que o que delas vem a público passa obrigatoriamente por operações internas da rotina produtiva, compatibilizando-as com os mecanismos que trabalham a legitimação deste trabalho de produção de sentidos. Efetivamente, existem manifestações do mundo dos leitores. Mas estas são apropriadas pelo dispositivo de produção e reinseridas noutras contextualizações e lógica de sentido. São palavras que procedem de lugares específicos, mas não podem sobreviver nestes termos no âmbito das mídias, porque paira sobre elas outra "gramática de produção" que as retira dos seus contextos de enunciação, subordinando-as aos mecanismos da edição e, nestes termos, elas são integradas à causa e aos fins do suporte jornalístico. O dispositivo jornalístico se faz presente na fala dos seus leitores e, como efeito desta operação de sentido, ele é porta-voz "dissimulado" de si próprio. Pelo recurso do mecanismo ao "discurso de citação", a revista diz que os leitores a elogiam e cumprimentam ("*a linha investigatória está correta*", enunciados 1.4.8.9. 11 e 13). Sublinha que seus leitores colocam ao lado dela outras parcerias, como o procurador (enunciados 7 e 10), com quem divide os "loiros de suas ações cívicas". Se faz reconhecer como a única instância (*porta-voz*) a possibilitar os brasileiros a perceberem que "*os reis estão nus*" (enunciados 5,7,8). Chama atenção para os "efeitos de agenda" quando, fazendo falar o leitor, destaca enunciados nos quais este se reporta às relações com os próprios fragmentos dos discursos ofertados (...) *tivemos* a sensação de que a *capa* de ISTOÉ estava perfeita (enunciado 6).

Ou: "pedir a cassação de um homem desses *em manchete* nacional, é uma prova de independência (enunciado 12). Assinalando os efeitos de suas predicações : "*Dá a direção* exata que todo o Congresso deve tomar"(enunciado 6). E, finalmente, qualificando o poder de intervenção do campo do jornalismo sobre outros campos sociais: "*foi através das reportagens* (..) desta revista que Toninho Malvadeza renunciou" (enunciado13). Este conjunto de operações atualiza a capacidade estratégica que tem o discurso jornalístico em se fazer falar e em agir via discursos que se apóiam em uma lógica que naturaliza o funcionamento de determinados mecanismos da economia discursiva do projeto editorial e político-ideológico do discurso da atualidade.

Conclusão
"E gostamos de derrubar ACM também"

Os motivos que levaram a revista ISTOÉ a escolher ACM como a "bola da vez" têm seu ponto de partida no ano 2000, e razões fundadas numa ética que teve como referência critérios domésticos à cultura jornalística, e, portanto, não exclusivamente razões de natureza política. A revista resolve responder a um bilhete que o Senador, àquela época presidente do Senado, havia enviado ao jornalista Tales Farias, tido como ofensivo, considerando-se a figura e o cargo do seu remetente. Negociações baseadas nas "rotinas produtivas" da revista decidiram que o bilhete de ACM deveria ser respondido e que, neste caso, ao invés de ser endereçado à convencional seção "carta dos Leitores", seu destino deveria ser matéria de capa. **"O Domingos Alzugaray, dono da revista, disse: isso não podemos botar na seção de cartas. Ele é o presidente do Congresso. Como é que o presidente do Congresso manda isso aqui por fax . O fax, com o palavrão, tinha timbre do presidente do Congresso. "Não, não pode ser". Então, fizemos uma matéria de capa e colocamos um título, uma linha fina, que era "ISTOÉ investigou e realmente o texto publicado acima é do presidente do Congresso Nacional. Pasme, leitor". Esse foi um dos episódios mais marcantes dessa briga. Por isso, a ISTOÉ**

considera o ACM um tipo de personalidade política nociva ao país" (Entrevista do editor de ISTOÉ Hélio Campos Melo à revista Imprensa, nº 161, junho de 2001).

Nestas condições, ISTOÉ inicia com a reprodução do texto mencionado, na capa (imagem 1), um longo percurso que dura mais de um ano, utilizando a "trincheira" das capas de suas edições semanais para praticar o que por ela é igualmente denominado de "jornalismo de combate"... Esta é a "gênese" do processo de visibilidade com que a revista midiatiza o "caso ACM". Ao longo das diferentes capas, ACM não é apenas a "bola da vez", mas um personagem que é mostrado de acordo com várias estratégias e operações enunciativas postas em ação pela "belicosidade semântica" do discurso da atualidade. Neste caso, ACM é enquadrado nos ares deste combate, em várias situações, pelo "ponto de vista" estratégico do seu combatente, o jornalismo: na lona (imagem 2); acusado de traição (imagem 3); associado à ação investigatória do procurador Luís Francisco (imagem 4); colocado fora de combate (imagem 5); denunciado por seu golpe e suas próximas ações (imagem 6); e finalmente, vencido, posto fora de jogo, em suma, o fim de uma era (imagem 7). As imagens de capas ilustram a questão hipótese no início deste artigo: os efeitos de proposições éticas somente parecem funcionar quando ganham o espaço da corporeidade social. E que, neste caso, é na esfera das enunciações discursivas midiáticas que as proposições éticas ganham forma e, possivelmente, um terreno de ação.

Temos na esfera dos discursos a explicitação das motivações de "rotinas jornalísticas" que determinam o curso e o ângulo da cobertura. Neste caso, nem sempre razões de ordem pública, mas "frissons" resultantes das idiossincrasias nestes dois mundos muito delicados – jornalismo e política. Se na seqüência de edições opera o processo de cassação imposto por ISTOÉ a ACM, num outro âmbito jornalístico, na entrevista do seu editor à revista Imprensa, emergem as "regiões de fundo" que dão a este processo o caráter de sentença. Nela, o editor Hélio Campos Melo justifica a política editorial da revista, confirmando de alguma forma o que a edição de ISTOÉ de 3 de janeiro de 2001 enunciou para nomear esta modalidade ética de exercícios da imprensa, designando-a explicitamente de "jornalismo de combate".

1 2 3 4 5 6 7

EXISTE CONSCIÊNCIA ÉTICA NA IMPRENSA?

Muniz Sodré

Em junho de 2001, a demissão de um colunista de um dos mais prestigiados jornais da imprensa brasileira ocupou por alguns dias uma parte ponderável do noticiário.[1] Em linhas muito gerais, ocorreu o seguinte: o colunista publicara uma matéria relativa à disputa entre dois grupos empresariais pelo controle de uma companhia telefônica. Antes da publicação, discutiu o teor de seu texto com um dos interessados, associado a um outro, que por sua vez controla uma empresa jornalística. A discussão, secretamente gravada ("grampeada", diz-se) e dada a público por uma importante revista paulista, resultou na demissão do jornalista.

O episódio é coisa pequena no âmbito da verdadeira guerra que travam os donos do capital nacionais e estrangeiros pelo controle dos variados setores das telecomunicações, que se expandem desde o incremento das privatizações. No caso em pauta, conflitavam-se interesses avaliados em cerca de dois bilhões de dólares. É verdade que informação e contra-informação – jornalística e de outras naturezas – não são "coisa pequena", pois têm valor estratégico no contexto dos lances de praxe no tabuleiro do xadrez empresarial. Mas o

[1] Deixamos de mencionar os nomes dos personagens envolvidos, a fim de evitar qualquer conotação jornalística a este texto. Aqui, interessa apenas a armadura teórica do caso.

episódio em si mesmo só é altamente significativo para a reflexão contemporânea sobre imprensa e mídia.

Imprensa e mídia – não são exatamente o mesmo, impõe-se aqui uma distinção. Para entendê-la, é preciso levar em conta todo o alcance das transformações sociais e tecnológicas em curso. Primeiramente, transforma-se a natureza do espaço público, tradicionalmente representado pela política e pela imprensa escrita, cuja combinação criava o espaço da polêmica sobre causas públicas e valores éticos. Agora, formas tradicionais de representação da realidade e novíssimas (o virtual, o espaço simulativo ou telerreal da hipermídia) interagem, expandindo a dimensão tecnocultural, onde se constituem e se movimentam novos sujeitos sociais.[2]

A imprensa escrita, como apontam vários analistas de mídia, sempre esteve no centro desse processo representativo. Numa perspectiva diacrônica, podem-se formular para ela modelos diversos de comunicação, correspondentes a diferentes etapas históricas nas sociedades liberais-democráticas.

Miège[3], por exemplo, distingue quatro modelos: (1) imprensa de opinião – caracterizada pela produção artesanal, tiragens reduzidas, estilo polêmico e manifestação de idéias; foi o tipo de imprensa que introduziu no espaço público a razão argumentativa cara à burguesia ascendente; (2) imprensa comercial – organizada em bases industriais/ mercantis, com prioridade para a publicidade e a difusão informativa (notícia), politicamente ligada à democracia parlamentar; (3) mídia de massa – produção definitivamente dependente de investimentos publicitários e técnicas de marketing, predomínio das tecnologias audiovisuais e grande valorização do espetáculo; (4) comunicação generalizada – a reboque do Estado, das grandes organizações comerciais e industriais, dos partidos políticos, a informação insinua-se nas clássicas estruturas socioculturais e permeia as relações intersubjetivas; trata-se aqui do que também se vem chamando de realidade virtual.

---

[2] Uma visão mais aprofundada dessa questão está sendo trabalhada numa pesquisa ainda em curso, mas cujos primeiros resultados sairão em forma de livro.

[3] Cf. Miège, Bernard. O Espaço público: perpetuado, ampliado e fragmentado. In Novos Olhares, número 3, 1º semestre de 1999 – ECA/USP, pp. 4-11.

Contemporaneamente, dá-se primazia ao quarto modelo, mas sem se recusar os anteriores. Podem todos coexistir sincronicamente, num mesmo espaço social, desde que se integrem num mesmo plano tecnológico e econômico. Assim, a convergência do computador com a televisão acontece necessariamente no interior do modelo neoliberal para o setor da mídia e das telecomunicações.

É isto mesmo a dita "sociedade da informação": um slogan tecnicista, manejado por industriais e políticos. Corresponde a um modelo industrial que favorece a hibridização dos suportes técnicos, acompanhada da reciclagem acelerada dos conteúdos, com novos efeitos sociais. Uma fórmula já antiga, como o noticiário jornalístico, quando transmitida em tempo real, torna-se estratégica nos termos globalistas do mercado financeiro: um pequeno boato pode repercutir como terremoto em regiões do planeta fisicamente distantes.

Apoiadas no computador, as novas tecnologias do virtual deixam intacto, todavia, o conceito de medium, entendido como canalização – em vez de inerte "canal" ou "veículo" – e ambiência estruturados com códigos próprios. O medium televisivo, com todos os seus anacronismos de programação, permanece como eixo da mídia tradicional, enquanto que as novas utopias assentam-se sobre a realidade virtual e sobre as redes (internet), até agora isentas do regime de concessões estatais.

É cada vez mais evidente que tempo real e espaço virtual, concretizados pela mídia, vêm redimensionando a relação espácio-temporal clássica. Tudo isto, associado a um tipo de poder designável como "ciberocracia", confirma a hipótese, já não tão nova, de que a sociedade contemporânea (dita "pós-industrial") rege-se pela midiatização, quer dizer, pela tendência à "virtualização" ou telerrealização das relações humanas, presente na articulação do múltiplo funcionamento institucional e determinadas pautas individuais de conduta com as tecnologias da comunicação.

É preciso esclarecer o alcance do termo "midiatização", devido à sua diferença com "mediação" que, por sua vez, distingue-se sutilmente de "interação", um dos níveis operativos do processo mediador.

Com efeito, toda e qualquer cultura implica mediações simbólicas, que são linguagem, trabalho, leis, artes, etc. Está presente na palavra mediação o significado da ação de fazer ponte ou fazer comunicarem-se duas partes (o que implica diferentes tipos de interação), mas isto é na verdade decorrência de um poder originário de descriminar, de fazer distinções, portanto de um lugar simbólico, fundador de todo conhecimento. A linguagem é, assim, considerada mediação universal.

Para se inscrever na ordem social, a mediação precisa de bases materiais, que se consubstanciam em instituições ou formas reguladoras do relacionamento em sociedade. As variadas formas da linguagem e as muitas instituições mediadoras (família, escola, sindicato, partido, etc.) investem-se de valores (orientações práticas de conduta) mobilizadores da consciência individual e coletiva. Valores e normas institucionalizados legitimam e outorgam sentido social às mediações.

Já midiatização é uma ordem de mediações socialmente realizadas no sentido da comunicação entendida como processo informacional, a reboque de organizações empresariais e com ênfase num tipo particular de interação, caracterizada por uma espécie de prótese tecnológica e mercadológica da realidade sensível, denominada medium. Trata-se de dispositivo cultural historicamente emergente no momento em que o processo da comunicação é técnica e industrialmente redefinido pela informação, isto é, por um regime posto quase que exclusivamente a serviço da lei estrutural do valor, o capital.

O medium constitui propriamente uma nova tecnologia societal (e não uma neutra "tecnologia da inteligência") empenhada num outro tipo de hegemonia política.

A astúcia das ideologias tecnicistas consiste geralmente na tentativa de deixar visível apenas o aspecto técnico do dispositivo midiático, da "prótese", ocultando a sua dimensão societal, que está comprometida com uma forma específica de hegemonia, pela qual a articulação entre democracia e mercadoria é parte vital de estratégias corporativas. Essas ideologias costumam permear discursos e ações de conglomerados transnacionais e de ideólogos dos novos formatos de Estado.

Aplicado a medium, o termo "prótese" não designa algo separado do sujeito, à maneira de um instrumento manipulável, e sim a forma técnica da interação, resultante de uma extensão especular ou espectral que se habita, como um novo mundo, com nova ambiência, código próprio e sugestões de condutas.

Isto equivale a dizer que não se pode instrumentalizar por inteiro essa forma técnica, isto é, objetivá-la socialmente como um dispositivo submetido a um sujeito, por ser uma entidade capaz de uma retroação expropriativa de faculdades tradicionalmente atinentes à soberania do sujeito, como saberes e memória.

Nesse novo ordenamento cultural da sociedade, as imagens deixam de ser reflexos e máscaras de uma realidade referencial para se tornarem simulacros tecnicamente auto-referentes. Mas, claro, estão política e economicamente a serviço de um novo tipo de gestão da vida social.

Mídia – ou modelo da comunicação generalizada, na terminologia de Miège – não é mera cópia, reprodução ou reflexo de uma realidade externa. É de fato uma forma nova de vida, com um novo espaço e novo modo de interpelação coletiva dos indivíduos e, portanto, outros parâmetros para a constituição das identidades pessoais. Dispõe, em conseqüência, de um potencial de transformação da realidade vivida, que não se confunde com manipulação de conteúdos ideológicos (como se pode às vezes descrever a comunicação em sua forma tradicional). É forma condicionante da experiência vivida, com características particulares de temporalidade e espacialização.

Mas condiciona apenas na medida em que é permeada por outras formas vigentes no real-histórico. Trata-se de fato da afetação de formas de vida tradicionais por uma qualificação de natureza informacional, operada por uma tecnologia de relações humanas estreitamente dependente do mercado. A essa qualificação – a que críticos da cultura, como Jean Baudrillard, se referem como um grande código de sentido –, vimos chamando de "bios", isto é, uma forma de vida específica no interior da sociedade civil.

Fomos buscar esse conceito no pensamento aristotélico. Logo nas primeiras páginas de sua Ética a Nicômaco, Aristóteles distingue, a exemplo do que já sugerira Platão no Filebo, três gêneros de existência (bioi) na Pólis: bios theoretikos (vida contemplativa), bios politikos (vida política) e bios apolaustikos (vida prazerosa, vida do corpo).[4] Cada bios é, assim, um gênero qualificativo, um âmbito onde se desenrola a existência humana, determinado por Aristóteles a partir do Bem (to agathon) e da felicidade (eudaimonia) aspirados pela comunidade. A "vida de negócios", a que o filósofo faz breve referência no mesmo texto, não constitui nenhum bios específico, por ser motivada por "alguma coisa mais" (entenda-se: mais do que o Bem e a felicidade), apontada como "algo violento".

O "bios" virtual ou midiático da contemporaneidade está de certo modo na contramão do que pensava Aristóteles, pois implica realmente uma "vida de negócios", isto é, uma forma existencial posta a serviço do liberal mercantilismo de hoje. Consiste numa forma-meio, mediante a qual os velhos conteúdos representativos são progressivamente substituídos pelo envolvimento sensorial, pela pura relação. Nos termos de McLuhan, troca-se a mensagem pela "massagem".

Todo este processo é uma expansão do que Giddens chama de "reflexividade institucional" – um dos motores da modernidade –, ou seja, o uso sistemático da informação ou do saber com vistas à reprodução de um sistema social. Na modernidade clássica, a reflexividade histórica – uma pletora de recursos racionais (filosofia, ciências sociais, publicismo, etc.) aplicada à vida – caracterizava-se por uma competência analítica voltada para a compreensão dos fenômenos humanos e sociais: a auto-reflexividade, exaltada como uma demonstração da soberania do espírito. Hoje, o processo redunda numa "mediação" social tecnologicamente exacerbada, a midiatização, com espaço próprio e relativamente autônomo em face das formas interativas presentes nas mediações tradicionais.

---

[4] Cf. Aristóteles. Ética a Nicômaco, livro I, parte 5. Referimo-nos aqui a duas edições: (1) Ética Nicomaquea y Ética Eudemia. Biblioteca Clássica Gredos, 1988; (2) Nicomachean Ethics. The University of Chicago (tradução de David Ross).

A reflexividade institucional é agora o reflexo tornado real pelas tecnointerações, o que acarreta um grau elevado de indiferenciação entre o homem e sua imagem. O indivíduo é solicitado a viver, muito pouco auto-reflexivamente, no interior das tecnointerações, cujo horizonte comunicacional é a interatividade absoluta ou a conectividade permanente.

Desde o imediato Pós-Guerra, esse processo de midiatização vem alterando costumes, crenças, até mesmo afetos, e agora perfaz-se com a integração entre os mecanismos clássicos da representação e os dispositivos do virtual. Mas, ao contrário do de mediação, não recobre a totalidade do campo social, e sim, como já frisamos, o da articulação hibridizante das múltiplas instituições (formas relativamente estáveis de relações sociais comprometidas com finalidades humanas globais) com as várias organizações de mídia, isto é, com atividades regidas por estritas finalidades tecnológicas e mercadológicas, além de culturalmente afinadas com uma forma ou um código semiótico específico.

A mídia fala do mundo para vendê-lo ou para agilizá-lo em termos circulatórios – sua verdadeira agenda é a do liberalismo comercial. Sua moral utilitarista, com o mercado como vetor de mudanças (portanto, um moral liberal de comerciantes, anglo-saxônica em seu velho acento liberal sobre o individualismo e mercado), não contempla a utilidade social, pelo contrário, é privatista e redutora da sensibilidade quanto ao coletivo.

Uma das matrizes semiótico-literárias dessa atitude é o romantismo popular, cujo ethos sustenta a personalidade eternamente insatisfeita, propensa a consumir toda e qualquer promessa (narrativas escapistas, artefatos narcísicos, etc.) de consolo ou reparação do tédio individual.

Trata-se de um processo antitético à forma clássica da representação política, uma vez que esta costuma servir ao Estado nacional e não necessariamente ao mercado. Por isto fica a mídia cada vez mais distante do modelo oitocentista de imprensa – imprensa de opinião e imprensa comercial, nos termos da classificação de Miège –

que se prolonga até hoje na forma do jornalismo impresso e diário. É um modelo voltado para a prestação de serviços sociais e, em termos políticos, para a defesa das liberdades civis.

A imprensa que cada vez mais se produz no interior do "bios" midiático tende a descomprometer-se com o tipo de jornalismo que, mesmo buscando a sua viabilidade econômica, se pautava pelo espírito publicista, isto é, pelo princípio crítico da visibilidade ou da publicidade (Offentlichkeit), erigido por Kant como traço marcante do Iluminismo e hoje retomado no pensamento de Habermas como ideal normativo da esfera pública.[5]

Esse jornalismo decorria da "dívida comunicacional" (legitimação e justificação públicas, por meio do aparato técnico de visibilidade da esfera pública burguesa, ou seja, o impresso de modo geral) implícita na democracia moderna. A conquista dos direitos individuais de cidadania reservava às técnicas de comunicação social a função de estabelecer a permanência do vínculo social na autônoma subjetividade civil. Em termos mais concretos, caberia à imprensa assegurar ao cidadão a representatividade de sua palavra, de seus pensamentos particulares.

Por isto, a prática jornalística apoiava-se numa ética que, mesmo antes da Revolução Francesa, dava substância pública a velhas declarações de direitos, já preocupadas com a liberdade da manifestação de pensamento. Na Aeropagitica ou Pela Liberdade de Imprensa sem Autorização nem Censura (1644), Milton levanta argumentos de natureza histórica, pragmática, mas principalmente ética, para demonstrar que a censura prejudica a busca da verdade, por uma verdadeira ordem de "donos da verdade", caucionada pelo Estado-Leviatã. Ética definia-se aí como o conjunto das condições de possibilidades históricas de uma virtude individual e coletiva, voltada para a livre expressão. Era, portanto, como sempre fora, em última análise, como a possibilidade de aduzir mais valor humano à

[5] Cf. Habermas, Jürgen. Mudança Estrutural na Esfera Pública. Tempo Brasileiro.

realidade do socius organizado, pela formação do sentido de medida para as ações dos homens e pela atribuição de limites ao desejo de poder ilimitado dos governantes e das instituições.

Ora, a moral da mídia contemporânea é apenas mercadológica. Trata-se, na verdade, de um dos muitos tipos de moralidade produzidos pela segmentação moderna da esfera dos valores, parcializações que atendem a interesses privados ou classistas (dentistas, médicos, jornalistas, etc.) e se dão a conhecer como deontologias.

Sabemos que modernamente o horizonte da consciência prática apresenta-se como deontológico, no sentido de uma ética de deveres e não de virtudes, como na Antiguidade. No humanismo racionalista kantiano, esse "dever" destina-se a fundamentar uma ética formal (não mais baseada em bens e fins) universalista.

Entretanto, a palavra deontologia assumiu, na vida socioprofissional de hoje, o sentido de uma moral especializada, destinada em geral à preservação de interesses corporativistas (código de comportamento empresarial) ou então à continuidade institucional de formas de vida vinculadas à tradicional moralidade burguesa-cristã. Pretende sempre justificar-se por uma axiologia (conjunto de valores que rege uma instituição) grupal e diferenciada.

Em certos casos, a deontologia pode redundar numa espécie de fascismo moral; noutros, em aspirações moralizadoras, como aquelas que costumam atravessar a crítica liberal aos "descaminhos" do jornalismo contemporâneo e pregar uma restauração dos ideais da livre-informação. Na maioria dos casos, porém, no que se refere a organização de mídia, os textos deontológicos, ainda que bem escritos ou vestidos com a roupagem das boas intenções, viram letra-morta.

É que, na prática midiática corrente, seja no Primeiro ou no Terceiro mundos, o jornalismo e a esfera político-econômica vivem cada vez mais em simbiose, sem o distanciamento necessário à formação de uma ativa cultura crítica, indispensável ao funcionamento de uma verdadeira democracia. Isto significa que frações ponderáveis dos formadores de opinião no interior das redações são tão politicamente empresariais quanto os políticos e empresários profissionais. Servem freqüentemente como agentes de informação e contra-informação na guerra surda da "inteligência" empresarial.

Assim, o jornalismo, embora sempre alardeando por meio de seus representantes institucionais a defesa dos antigos valores da liberdade de expressão, assiste ao desaparecimento do interesse público e do horizonte ético. Há, no máximo, em situações equívocas como a demissão do colunista antes mencionado, apelo a uma oportunista regra deontológica.

Nada, portanto, que nos traga à consciência o imperativo (ético) de salvaguarda humana contra o movimento desmedido do poder, hoje economicamente representado pelo capital financeiro e, culturalmente, por uma dimensão biopolítica de controle da vida social, cuja face mais visível é o "bios" midiático. Não haverá caráter nem consciência ética num jornalismo que se deixe tomar por inteiro pela realidade virtual.

Sobre os Autores

Alberto Dines: é um dos mais importantes profissionais do jornalismo brasileiro. Foi diretor e chefe de redação de jornais e revistas como *Manchete*, *Última Hora*, *Diário da Noite* e *Jornal do Brasil*. Neste último, ocupou as funções de editor-chefe de 1962 a 1973, com atuação notável contra a censura do regime militar. Criou a revista *Fatos & Fotos*. Foi diretor editorial adjunto da Editora Abril e diretor editorial do grupo Abril em Portugal, onde participou da criação da revista *Exame*, entre outras. Articulista da *Folha de S. Paulo*, depois do *Jornal do Brasil* (e de alguns jornais estaduais). Tem também vida acadêmica muito ativa: entre outras atividades, foi criador da cadeira de Jornalismo Comparado na PUC-Rio e professor-visitante da Universidade de Columbia. Foi, ainda, fundador, diretor e colaborador regular dos Cadernos de Jornalismo e Comunicação do *JB*. É o editor responsável e um dos fundadores do *Observatório da Imprensa*. Dentre seus muitos livros de ensaios e ficção, destacam-se *O Papel do Jornal* (1974, 6ª. Edição 1996) e *Morte no Paraíso – a Tragédia de Stefan Zweig* (1981).

José do Amaral Argolo: é formado em Direito e em Jornalismo, fez pós-graduação em Jornalismo e Ciência Política, mestrado em Filosofia e doutorado em Comunicação e Cultura pela ECO-UFRJ. Como jornalista profissional, trabalhou em *O Globo*, *TV Globo*, *O Dia*, *Última Hora* e *Jornal do Commercio* do RJ. Dentre os textos que escreveu e/ou publicou, destacam-se: *Sobre a crônica policial do Rio de Janeiro (1968-1993)*, Rio de Janeiro, Imago, 1995; *Correspondentes de Guerra: uma apreciação pedagógica* (in *Ética na Comunicação*, Org. Ester Kosovski), Rio de Janeiro, Mauad,1996; *A Direita Explosiva no Brasil* (com FORTUNATO, Luiz Alberto, RIBEIRO, Kátia), Rio de Janeiro, Mauad, 1996. Desde 1992 é professor do quadro permanente da Escola de Comunicação da Universidade Federal do Rio de Janeiro, onde coordena (em regime colegiado) o Núcleo de Projetos Gráficos (*Griffo*).

Raquel Paiva: jornalista, professora adjunta da Escola de Comunicação da UFRJ e coordenadora do Laboratório de Estudos em Comunicação Comunitária da mesma escola, pesquisadora do CNPq e secretária-geral da COMPÓS – Associação Nacional dos Programas de Pós-graduação em Comunicação – período 2.001/2.003. Também é consultora ad hoc do CNPq e da Capes, coordenadora do Núcleo de Pesquisa que estuda Comunicação e Cultura de Minorias na Intercom, escritora, autora de livros na área de comunicação, com artigos em publicações no país e no exterior. Traduziu *Para além da interpretação*, de Gianni Vattimo.

Geraldo Lúcio de Melo: jornalista, formado pela UFJF em 1972. Repórter dos *Diários Associados* e *Jornal do Brasil*, em Minas e no Rio; assessor de imprensa da Companhia Vale do Rio Doce; assessor de comunicação dos Ministérios da Educação (92/93), do Trabalho (95/98) e Intergovernamental da Presidência da República (1994). Atualmente, diretor editorial da Imprensa Oficial de Minas Gerais.

José Rebelo: antigo jornalista do *Le Monde* (1975/1991). Consultor da RTP (Rádio-Televisão Portuguesa) para questões relativas a "modernidade e civilização", e vice-presidente da FIDH (Federação Internacional das Ligas dos Direitos do Homem), organismo com sede em Paris que agrupa mais de uma centena de associações de defesa dos direitos humanos. É professor de Sociologia no ISCTE (Instituto Superior de Ciências do Trabalho e da Empresa); diretor das relações exteriores deste mesmo Instituto; coordenador da pós-graduação em Jornalismo organizada conjuntamente pelo ISCTE e pela ESCS (Escola Superior de Comunicação Social de Lisboa).

Fernando Andascht: é doutor em Filosofia pela Universidade de Bergen, Noruega. Professor e pesquisador de Semiótica da Faculdade de Ciencias Sociais e Comunicación (Univ. Católica del Uruguay), e do Departamento de Sociología (Universidad de la República). E-mail: <fatur@adinet.com.uy>. Suas pesquisas concentram-se em sociedade e comunicação a partir de uma perspectiva sócio-semiótica. Possui numerosos artigos publicados em revistas especializadas no Uruguai, Brasil, Estados Unidos, Italia, Canadá, Espanha, Alemanha, Venezuela, Argentina e Colômbia. Publicou sete livros, entre eles *Signos Reales del Uruguay Imaginario* (1994, Prêmio Bartolomé Hidalgo), *Paisaje de Pasiones. Pequeño tratado de las pasiones en Mesocracia* (1996) e *Un camino indisciplinario hacia la comunicación: medios masivos y semiótica* (Bogotá: Edit. Ceja).

Dênis de Moraes: doutor em Comunicação e Cultura pela Universidade Federal do Rio de Janeiro, é professor do Programa de Pós-Graduação em Comunicação, Imagem e Informação da Universidade Federal Fluminense e pesquisador do CNPq. Publicou, entre outros livros, *Globalização, mídia e cultura contemporânea*, org. (1997), *O Planeta Mídia: tendências da comunicação na era global* (1998) e *O concreto e o virtual: mídia, cultura e tecnologia* (2001).

Mohammed Elhajji: jornalista marroquino, naturalizado e radicado no Brasil, tem Mestrado e Doutorado pelo Programa de Pós-Graduação em Comunicação e Cultura da UFRJ. É atualmente professor da Escola de Comunicação da UFRJ, onde ministra cursos tanto em nível de graduação quanto de pós. É especialista em estudos de mídia articulados à problemática da globalização. Acaba de publicar um livro sobre seu campo teórico, intitulado *Da Semiose Ocidental Hegemônica – globalização e convergência.* Ed. Eco-Rhizoma, 2001.

Wilson Gomes: professor titular de Teoria da Comunicação da Faculdade de Comunicação da Universidade Federal da Bahia. Estudou na Alemanha e na Itália, onde se doutorou, em 1988, em Filosofia, com uma tese sobre os pressupostos idealistas, hermenêuticos e fenomenológicos da filosofia da cultura. Em 1999, realizou estágio de pós-doutorado em Cinema na Universidade de São Paulo. Desde 1989, é professor do Programa de Pós-Graduação em Comunicação e Cultura Contemporâneas da UFBa, de que foi coordenador por 4 anos. Publicou um livro, 21 artigos científicos em periódicos especializados e 11 capítulos em livros de Filosofia, Antropologia e Comunicação. É pesquisador 1 do CNPq, desenvolvendo continuamente atividades de pesquisa apoiadas por esta instituição há doze anos. É consultor científico do CNPq, da Fapesp e da Capes, onde atualmente é representante das áreas de Comunicação e Ciência da Informação.

Antônio Fausto Neto: jornalista, professor universitário, atualmente integra o corpo docente do programa de Pós-Graduação em Ciências da Comunicação da UNISINOS (RS), na condição de professor titular. É autor de vários livros, dentre eles *O Corpo Falado: a doença e morte de Tancredo Neves nas revistas semanais brasileiras* (Fumarc/bh); *Mortes em derrapagens: os casos Corona e Cazuza no discurso da comunicação de Massa* (Riofundo, RJ); *Comunicação e Mídia Impressa: um estudo sobre a AIDS* (Ed. HACkERS/SP); *Ensinando à Televisão: estratégias de recepção da Tv Escola* (Ed.Universitária.JP.). Foi consultor da área de Comunicação do CNPq. Consultor ad hoc da FAPESP, Capes, Fapece. Membro de conselho editorial de várias publicações científicas. Ex-vice-presidente e secretário da Associação Nacional dos Programas de Pós-graduação em Comunicação (COMPÓS).

Muniz Sodré: professor titular da Universidade Federal do Rio de Janeiro, atual coordenador do Programa de Pós-Graduação em Comunicação e Cultura da ECO, pesquisador do CNPq, ensaísta e ficcionista. Tem 24 livros publicados, em especial no campo da mídia e da cultura brasileira. Seu livro mais recente é *Claros e escuros – identidade, povo e mídia no Brasil* (Ed. Vozes). É professor convidado de várias universidades estrangeiras.

Este livro, da MAUAD Editora,
foi impresso em papel ofsete 75g,
na gráfica Lidador